Jutta Riedel-Henck

Das Leichte-Lieder-Buch

Band 1

für Ukulele in C-Stimmung

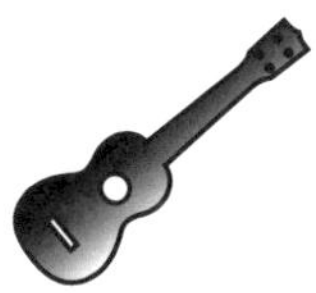

Melodie (Noten und TAB)
Akkordsymbole, Griffbilder
Liedtexte mit Akkorden
Schlagrhythmus (Slash-Notation)
Schlagmuster

Kompost-Verlag

Autorin

Jutta Riedel-Henck, geb. am 22. Juli 1961 in Aachen, Studium der Musikwissenschaft und Pädagogik in Hamburg, Dozentin in der Kinder- und Erwachsenenbildung, freie Autorin mit eigenem Verlag, Musikerin und Liedermacherin.
Initiatorin der »Rowling Ukes«, Ukulelenorchester im Landkreis Rotenburg/Wümme (ROW).
Homepage: www.jrh-kindermusik.de

Cover-Illustration »Ukulelen-Vogel«: Jana Henck
www.jana-henck.de

Satz, Layout und Gestaltung: Jutta Riedel-Henck
Notensatz erstellt mit MuseScore 2.0

1. Auflage
Deinstedt, Juli 2015

www.kompost-verlag.de

ISBN 978-3-945793-02-2

Inhaltsverzeichnis

Akkorde

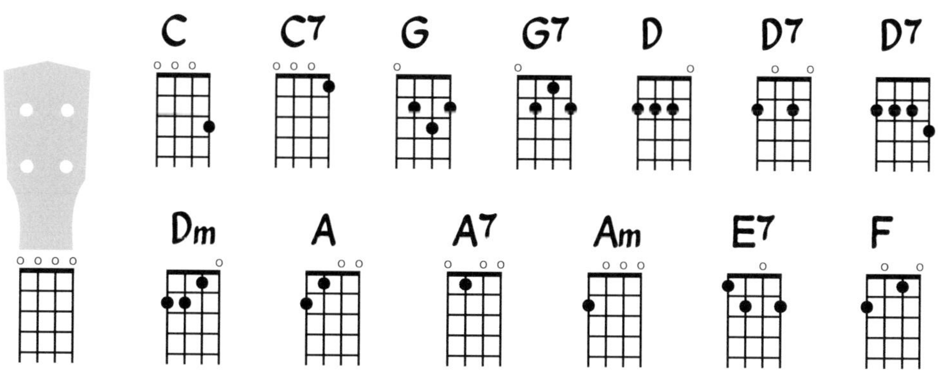

Einführung

Die ersten Akkorde auf der Ukulele zu greifen, gelingt jedem Anfänger innerhalb kurzer Zeit. Das Singen und Begleiten bedarf allerdings einiger Praxis. Viele Komponenten müssen im Jetzt koordiniert werden: Das Singen der Melodie, Treffen der Töne, ihr rhythmischer Verlauf, der Text und sein sprachlicher Ausdruck, das Greifen und Umgreifen der Akkorde mit der linken Hand an der richtigen Stelle, Schlagen der rechten Hand in einem zum Lied passenden Rhythmus.

Grundlegenden Übungsstoff bietet die vorliegende Sammlung leichter Lieder, der in losen Abständen weitere Bände folgen werden.

Die Melodien sind in herkömmlicher Schrift notiert, darunter die Tabulatur für Ukulele und ein leichter Begleitrhythmus in der dritten Zeile. Anfänger können diesen zunächst mit Abschlägen, Daumen oder Zeigefinger spielen.
Unter jedem Lied gibt es für diesen einfachen Rhythmus eine Variante (manchmal zwei) mit wechselnden Bewegungen bzw. Fingersätzen. Eine zusätzliche Alternative dient dem Fortgeschrittenen als Anregung für anspruchsvollere Begleitmuster.
Midi-Dateien der Melodien stehen auf der Verlags-Homepage als kostenloser Download zur Verfügung: www.kompost-verlag.de/index.php/downloads

Weitere Anregungen zum Erlernen der Liedbegleitung finden Sie in den inzwischen zahlreichen Lehrbüchern für Ukulelenspieler. Auch im bunt gemixten und gut besuchten Forum des »1. deutschen Ukulelenclubs«, in dem ich selbst mitwirke, wird Ihnen gerne geholfen (www.ukulelenclub.de). Vielleicht entdecken Sie in Ihrer Nähe bereits bestehende Ukulelengruppen, -treffen oder -stammtische. Das gemeinsame Musizieren spornt an, motiviert und hilft, sich dem »Flow« des Singens und Spielens hinzugeben, statt sich durch Gedanken um »Richtig« oder »Falsch« selbst im Weg zu stehen.

»Trifft einer mal den falschen Ton, vergreift sich, ja, was macht das schon? So würzen wir die Melodie der Lebenssymphonie.« (»Wir sind das Ukulelenorchester«, in: *Das Ukulelen-Liederbuch*, 2014).

In diesem Sinne: Alles ist richtig, auch das Falsche!

Viel Freude beim Singen und »Schrammeln« wünscht Ihnen

Jutta Riedel-Henck, Juni 2015

Notation, Tabulatur

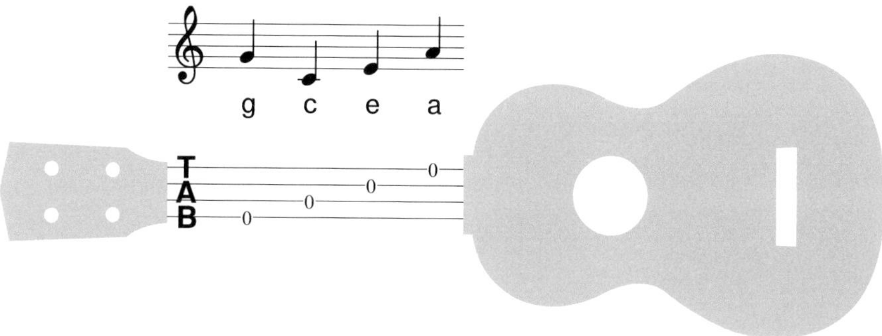

In einer Tabulatur (TAB) symbolisieren vier Linien die Saiten der Ukulele. Die (in Spielhaltung) oberste Saite g wird durch die unterste Linie dargestellt. Ziffern kennzeichnen den Bund, in dem die Saite auf das Griffbrett gedrückt wird. Mit einer 0 auf der Linie wird die entsprechende Saite ungegriffen (leer) zum Klingen gebracht.

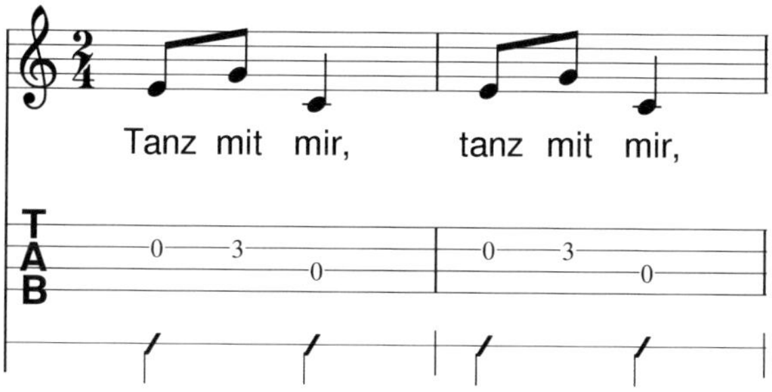

Der Rhythmus, die Abfolge der Töne und ihre jeweilige Dauer, lässt sich aus der herkömmlichen Notenschrift über der Tabulatur ablesen. Voraussetzung für das Melodiespiel nach TABs ist die Kenntnis der Notenwerte.

Die Slash-Notation steht für den Rhythmus der Schlagbegleitung.

Abschlag Aufschlag

Down *Up* *Alternative für Fortgeschrittene (hier über zwei Takte)*

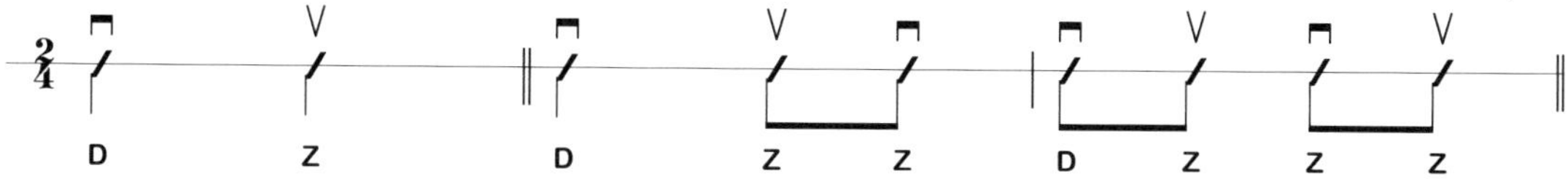

Daumen Zeigefinger

Takt, Beat, Metrum

Die für ein Lied passenden Schlagmuster basieren auf der Taktart, welche zu Beginn des Notensystems hinter dem Notenschlüssel als Bruch ohne Trennstrich angegeben ist. Der Nenner bezeichnet den Notenwert des Grundschlages (engl. Beat), der Zähler ihre Anzahl pro Takt.

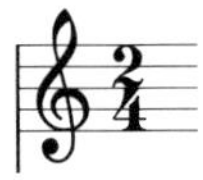

Durch die Taktart ergibt sich eine gleichmäßige Abfolge von Betonungsmustern (Metrum). In einer 2er-Zähleinheit wie dem 2/4-Takt wäre dies: Betont – unbetont bzw. schwer – leicht bzw. laut – leise.
In Verbindung mit körperlicher Fortbewegung wie beim Gehen oder Tanzen lässt sich dieses Grundgefühl für Takt und Metrum nachvollziehen. Während wir durch gleichmäßiges Marschieren den Grundschlag (Beat, Puls) vorgeben, entsteht mit der Schrittfolge rechts-links als 2er-Takt-Einheit eine Betonung des 1. Schlags durch kräftigeres Auftreten des rechten Fußes.

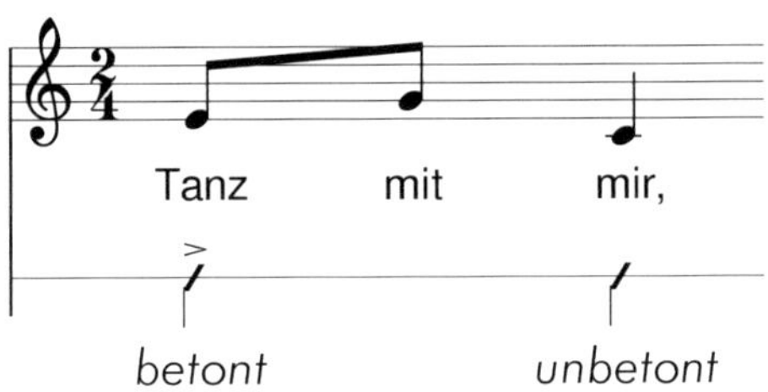

Im Verhältnis zu den Metren der verschiedenen Takt-Arten können sich die Begleitmuster an die gegebenen Betonungen halten und auch von ihnen abweichen:

Die Abschläge (Down) auf den betonten Grundschlägen (Down-Beat), Aufschläge (Up) auf den schwächer betonten Grundschlägen (Up-Beat).

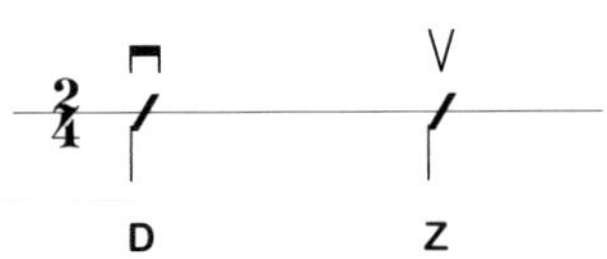

Betont man dagegen einen leichten Taktteil (z. B. durch einen Abschlag), spricht man von einem Back-Beat.

Go to sleepy baby

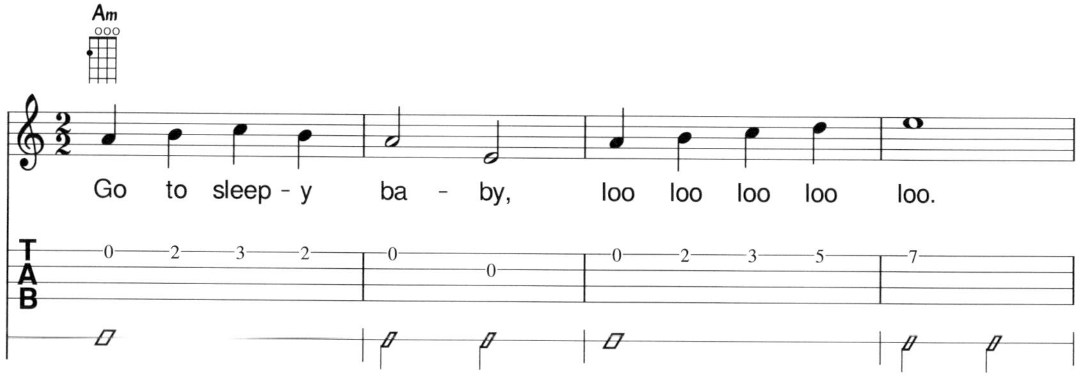

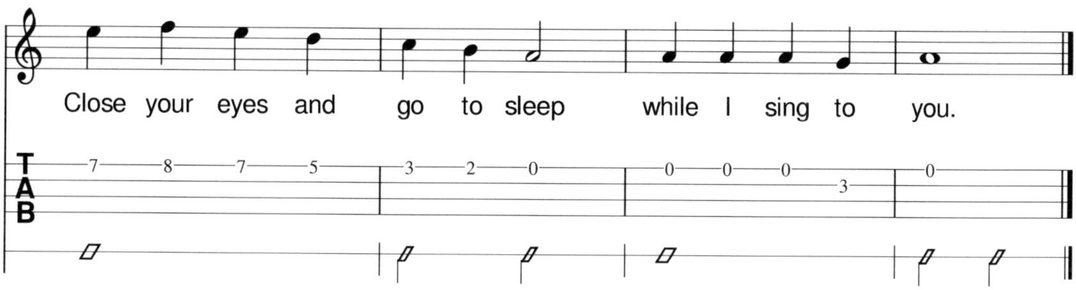

Amerikanisches Volkslied

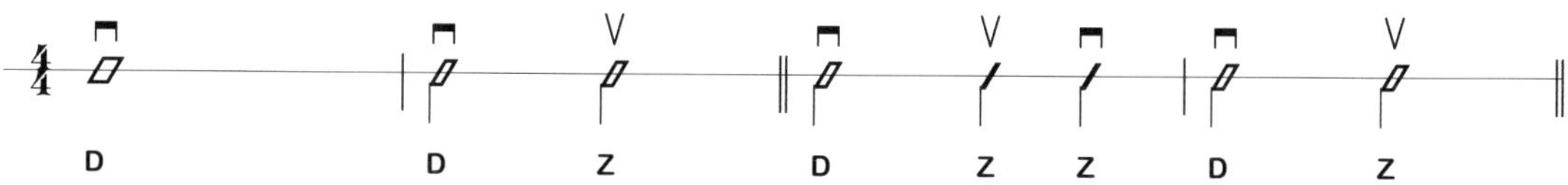

Ring around the rosie

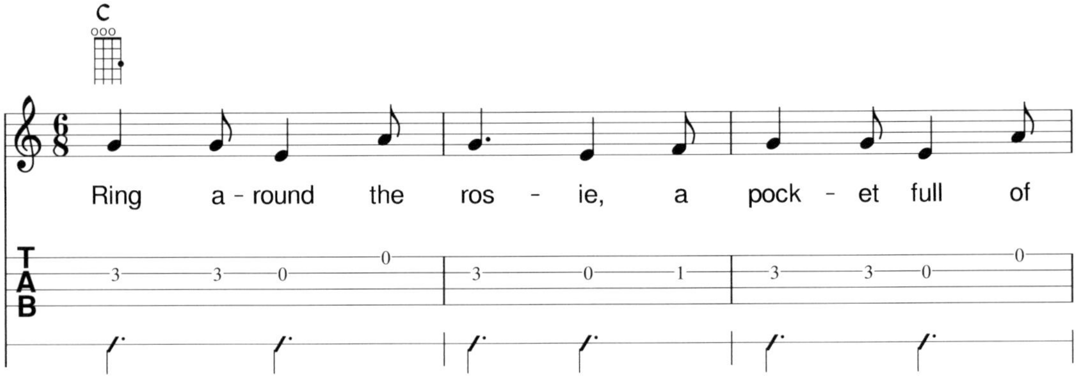

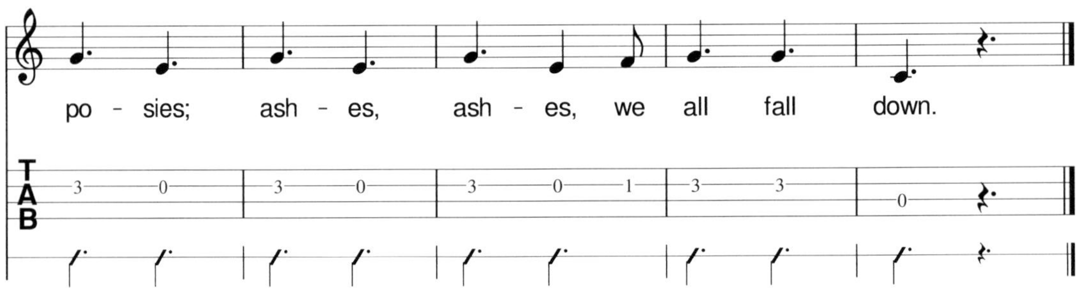

Volkstümliches Spiellied aus England, 19. Jahrhundert.

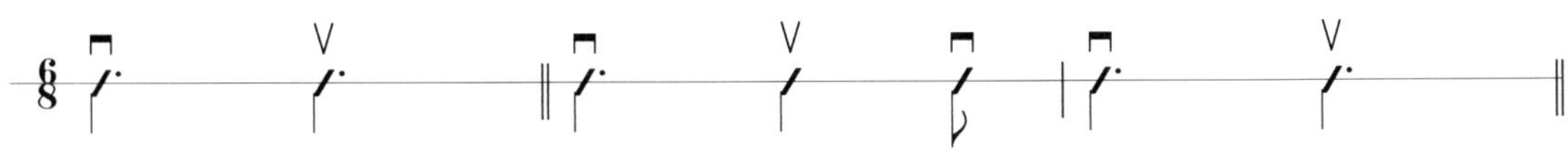

Fiedelhänschen, geig einmal

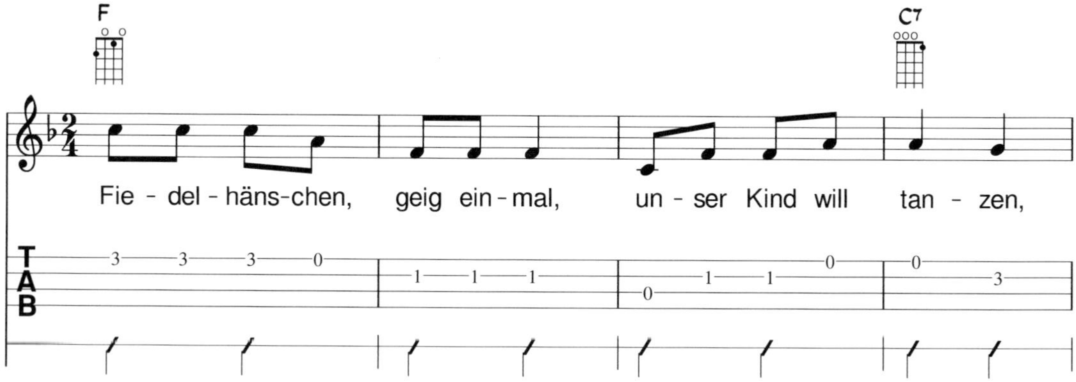

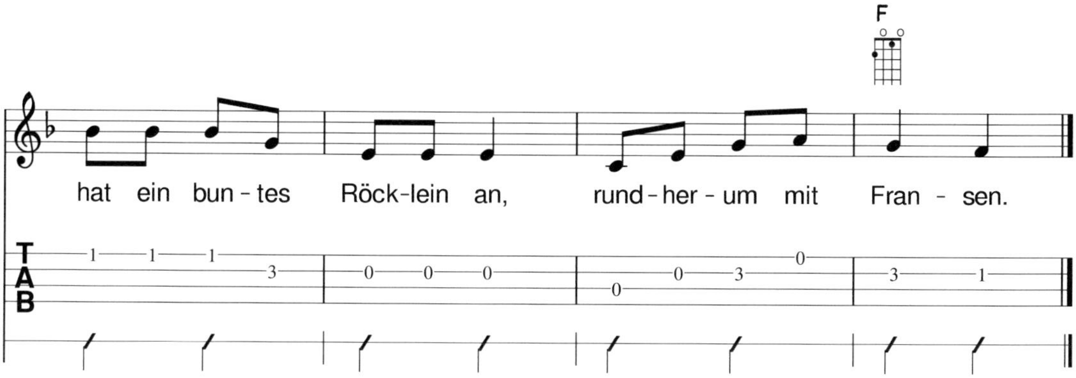

Volkstümliches Tanzlied

```
F                                   C7
2. Tanze, tanze, Kindelein, lustig klingt die Fiedel.
                                              F
   Dreh dich fein im Ringelreihn, sing dazu ein Liedel!

F                                         C7
3. Eins, zwei, drei und hopsassa, so geht unsre Weise,
                                        C7
   links und rechts und trallala, rundherum im Kreise!
```

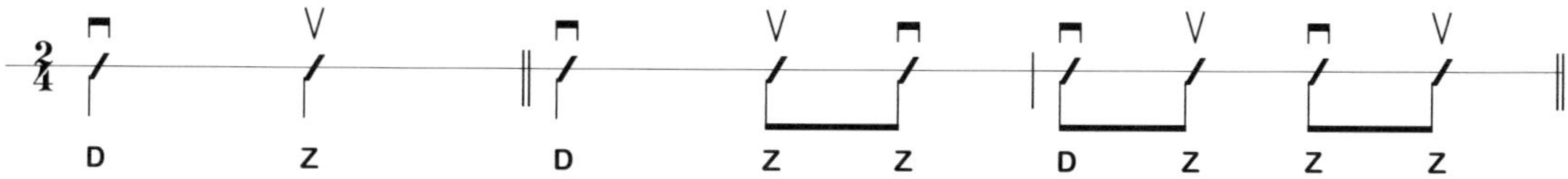

Alles neu macht der Mai

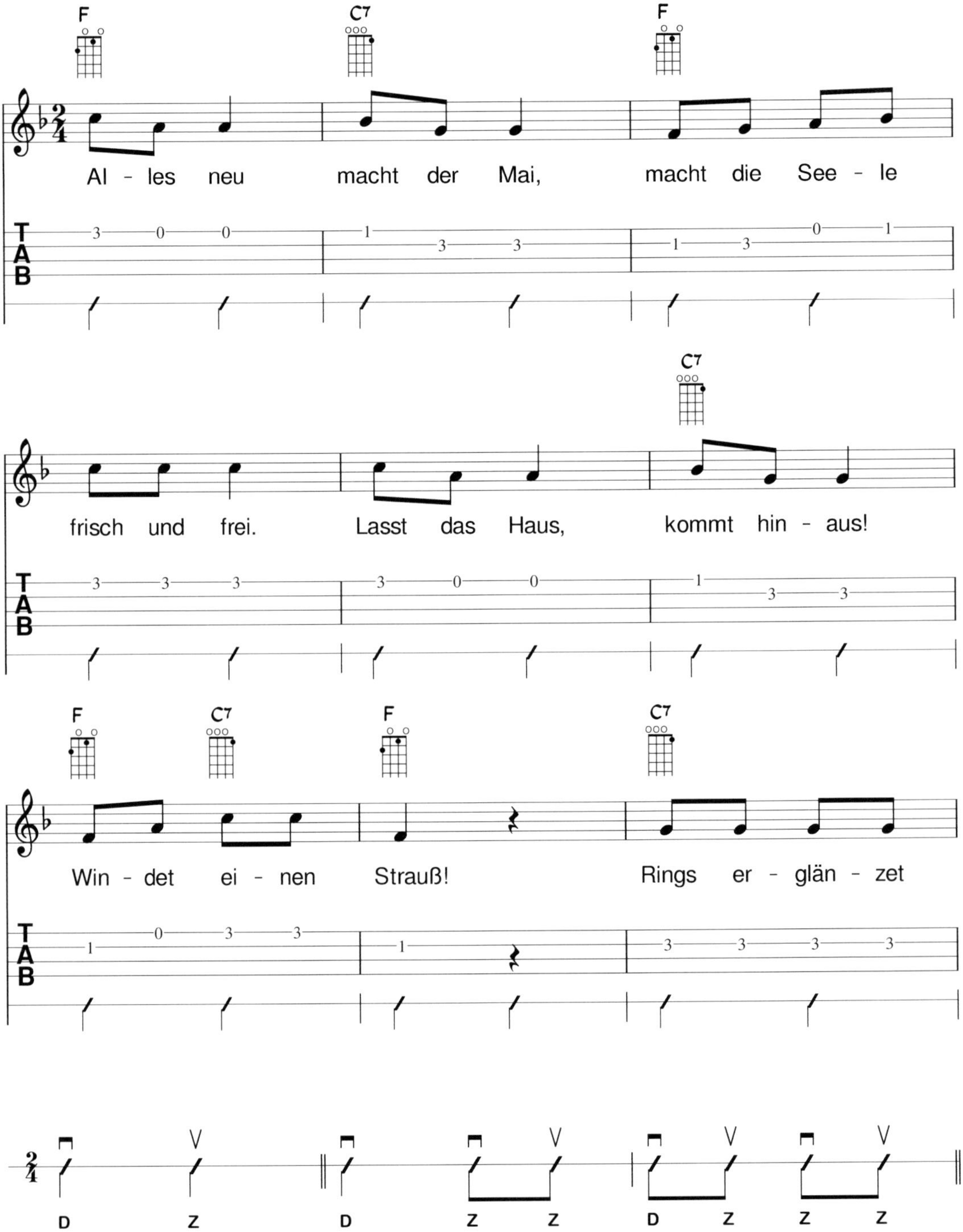

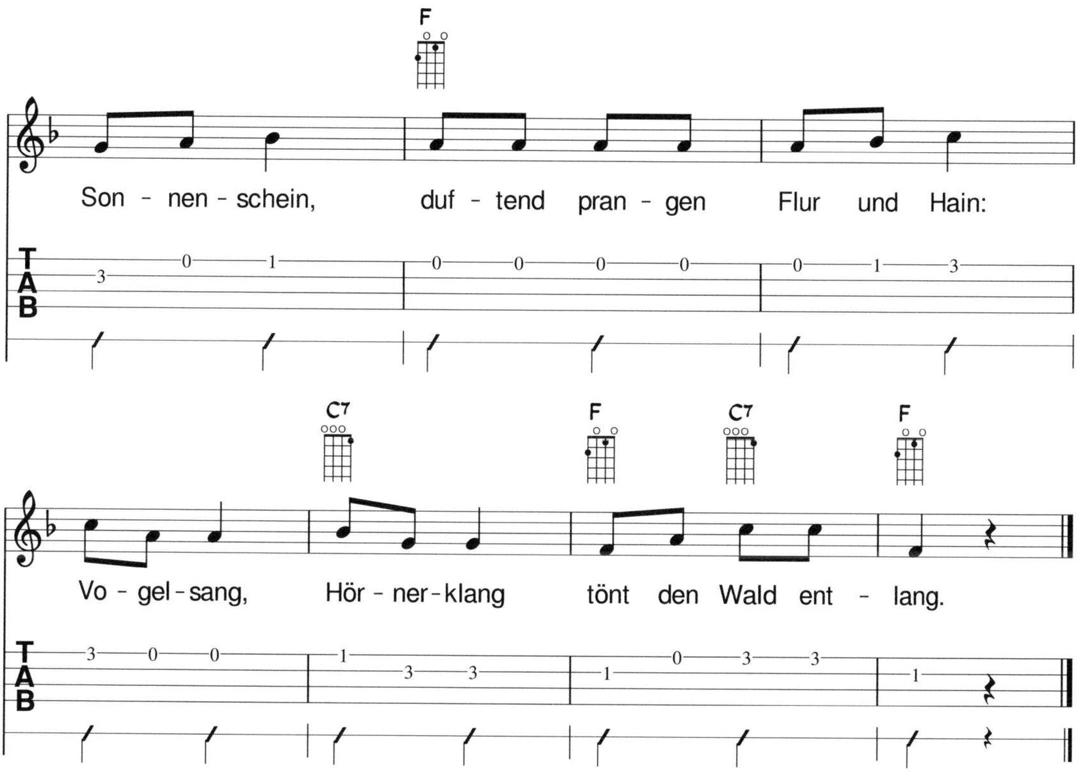

Text: Hermann Adam von Kamp (1796–1867), 1818; Musik: Volksweise, 18. Jahrhundert.

F C7
2. Wir durchzieh'n Saaten grün,
F
Haine, die ergötzend blüh'n,
C7
Waldespracht, neu gemacht
F C7 F
nach des Winters Nacht.
C7
Dort im Schatten an dem Quell,
F
rieselnd munter, silberhell,
C7
Klein und Groß ruht im Moos
F C7 F
wie im weichen Schoß.

F C7
3. Hier und dort, fort und fort,
F
wo wir ziehen, Ort für Ort,
C7
alles freut sich der Zeit,
F C7 F
die verjüngt, erneut.
C7
Widerschein der Schöpfung blüht,
F
uns erneuernd im Gemüt.
C7
Alles neu, frisch und frei
F C7 F
macht der holde Mai.

We're marching 'round the levee

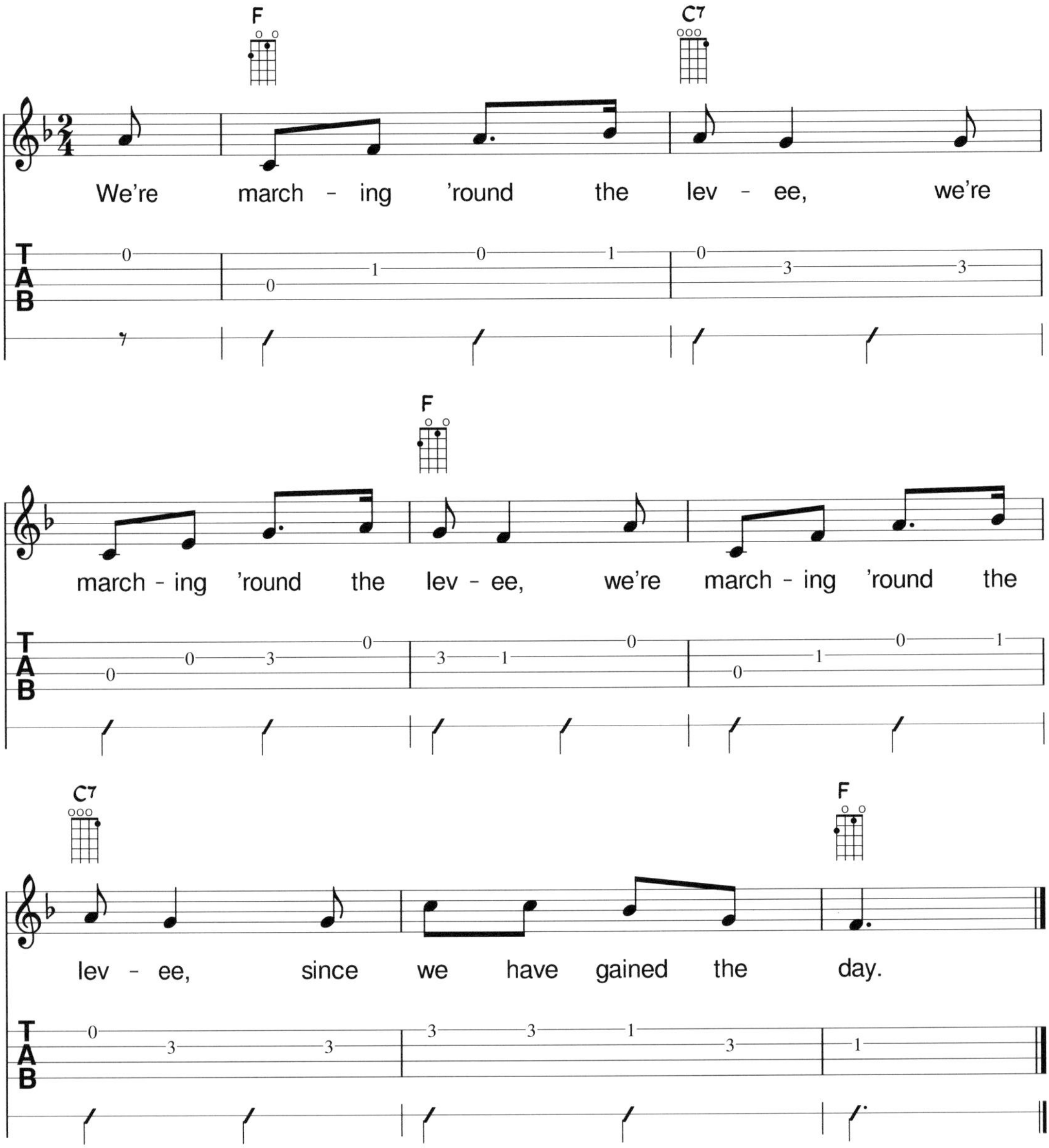

Amerikanisches Volkslied zu einem Kreisspiel

F C7
2. Go forth and face your lover,
F
go forth and face your lover,
C7
go forth and face your lover,
F
since we have gained the day.

F C7
3. I'll kneel because I love you,
F
I'll kneel because I love you,
C7
I'll kneel because I love you,
F
since we have gained the day.

F C7
4. I'll take a sweet kiss and leave you,
F
I'll take a sweet kiss and leave you,
C7
I'll take a sweet kiss and leave you,
F
since we have gained the day.

F C7
5. Boo-hoo, I hate to leave you,
F
boo-hoo, I hate to leave you,
C7
boo-hoo, I hate to leave you,
F
since we have gained the day.

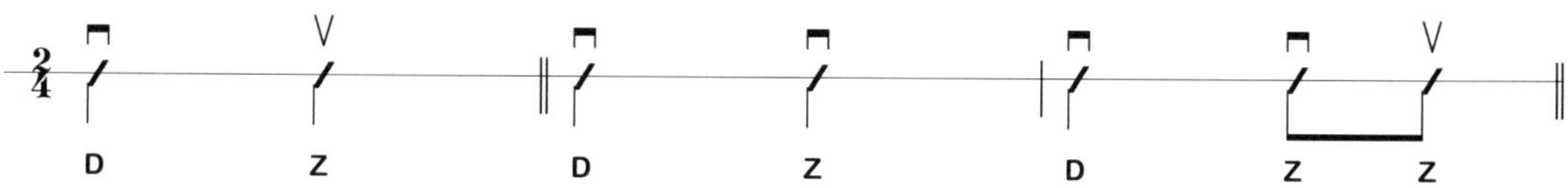

Eins, zwei, drei, lauf ich im Kreis

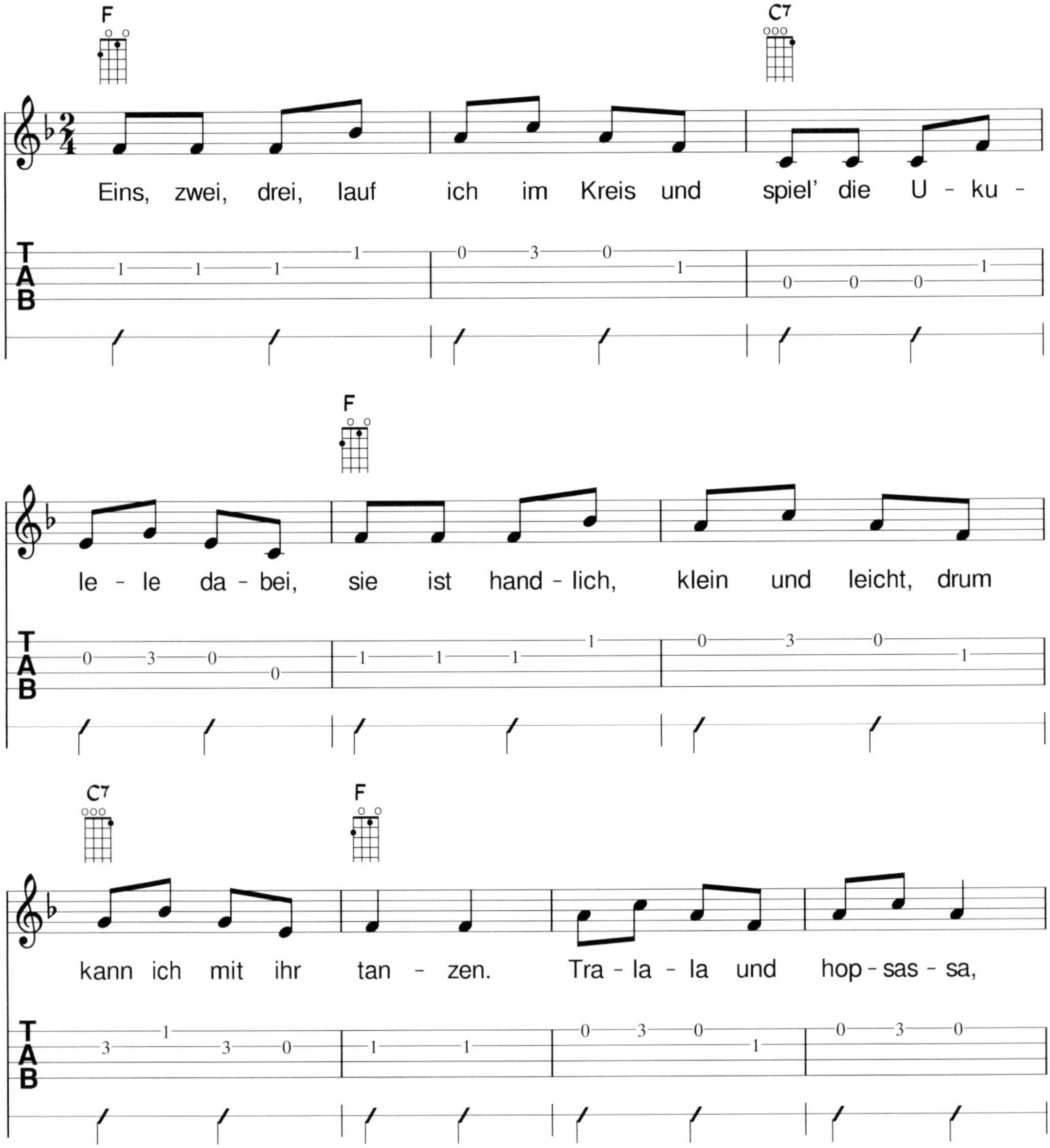

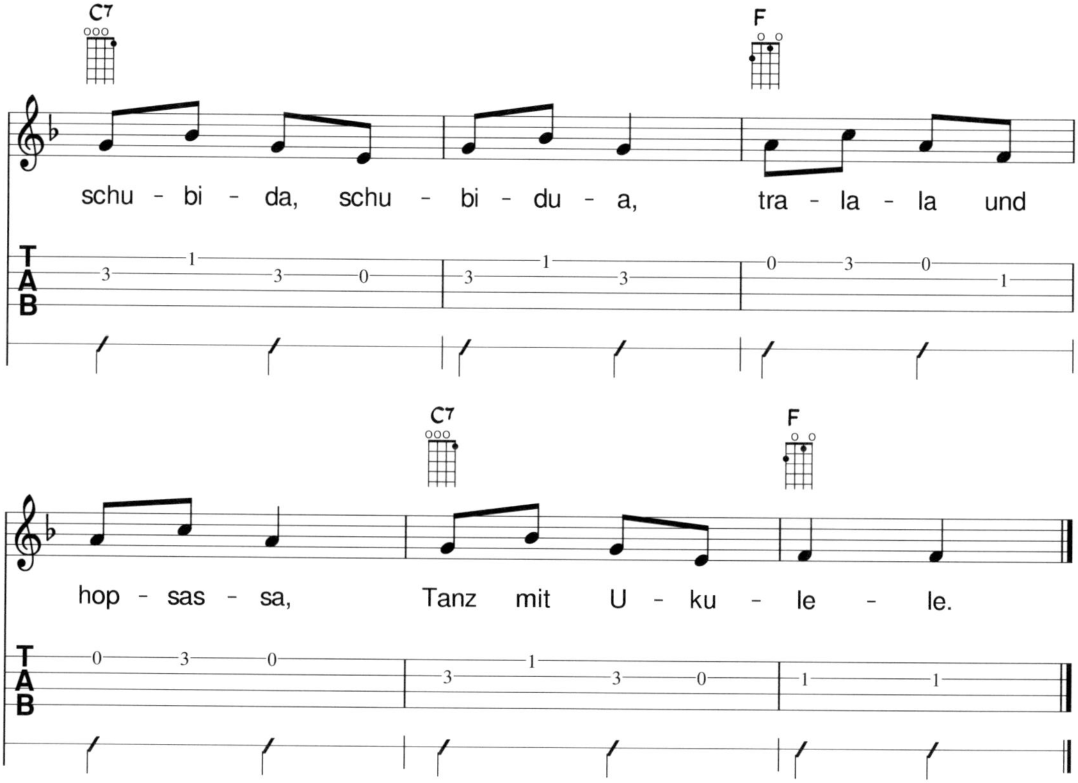

Text und Musik: Jutta Riedel-Henck

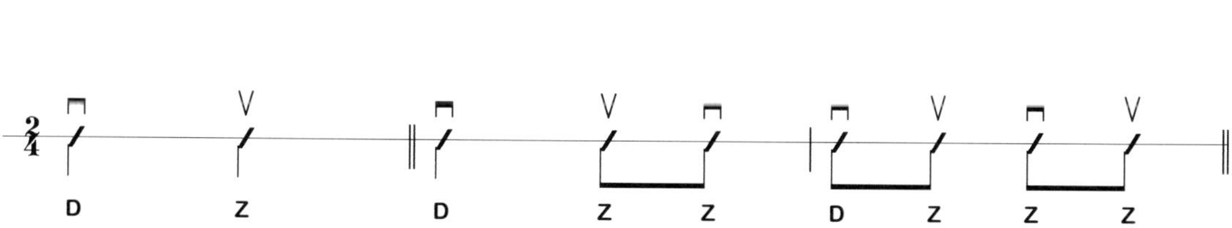

Bald gras ich am Neckar

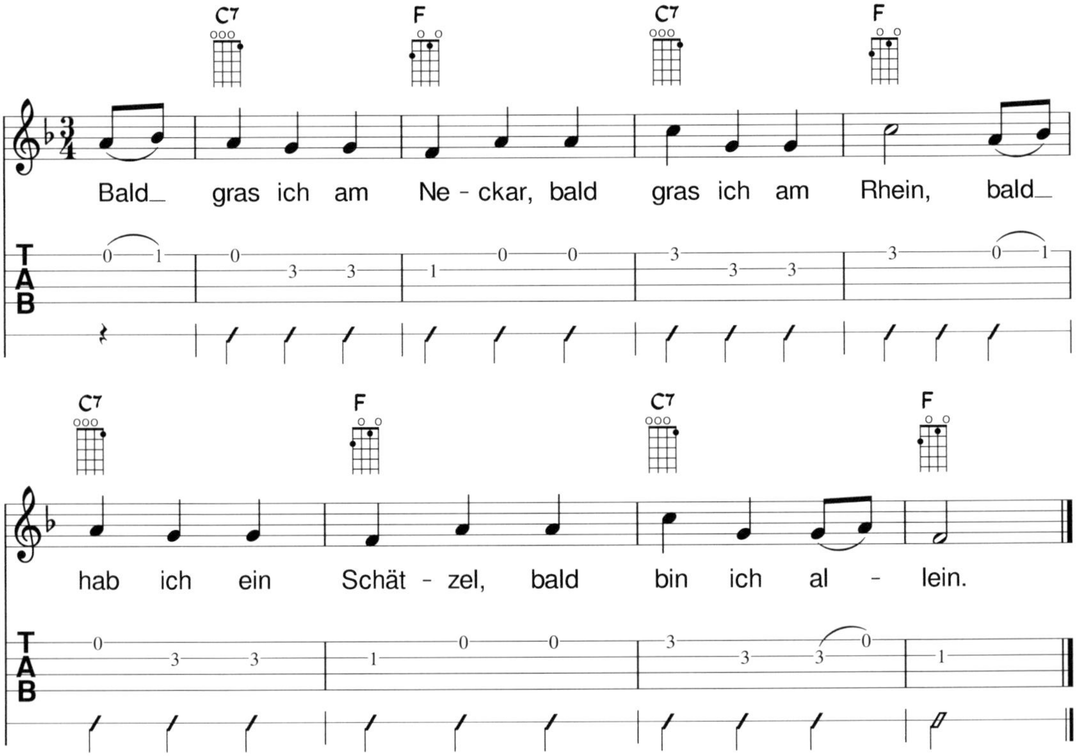

Melodie: Schnadahüpfel, um 1830; Text: nach »Des Knaben Wunderhorn«, 1808.

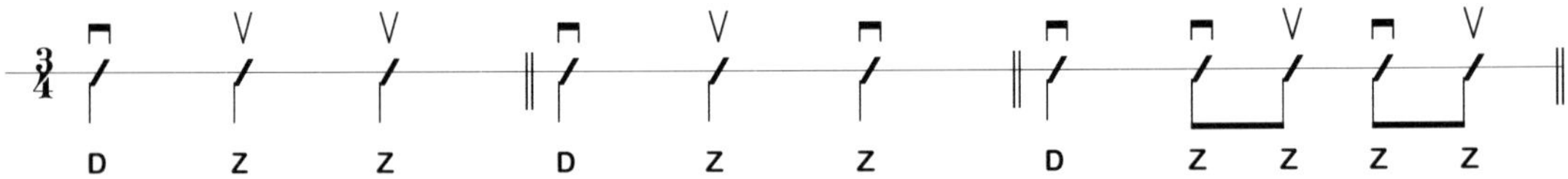

```
     C7              F                  C7               F
2. Was hilft mir das Grasen, wenn die Sichel nicht schneidt;
     C7               F                C7             F
   was hilft mir ein Schätzel, wenn's bei mir nicht bleibt.
```

```
    C7               F            C7              F
3. Wo soll ich dann grasen, am Neckar, am Rhein,
    C7               F          C7          F
   so werf ich mein goldiges Ringlein hinein.
```

```
   C7           F             C7           F
4. Es fließet im Neckar und fließet im Rhein,
       C7              F          C7            F
   soll schwimmen hinunter ins tiefe Meer 'nein.
```

```
         C7                F            C7             F
5. Und schwimmt es, das Ringlein, so frisst es ein Fisch;
     C7                F             C7              F
   das Fischlein soll kommen auf Königs sein' Tisch.
```

```
    C7          F               C7               F
6. Der König tät fragen, wem's Ringlein soll sein?
   C7                 F              C7                F
   Da tät mein Schatz sagen: »Das Ringlein g'hört mein.«
```

```
       C7              F              C7              F
7. Mein Schätzlein tät springen, bergauf und bergein,
    C7             F             C7           F
   tät mir wied'rum bringen das Goldringlein fein.
```

```
        C7             F               C7             F
8. Kannst grasen am Neckar, kannst grasen am Rhein,
     C7          F            C7          F
   wirf du mir nur immer dein Ringlein hinein.
```

Arroz con leche

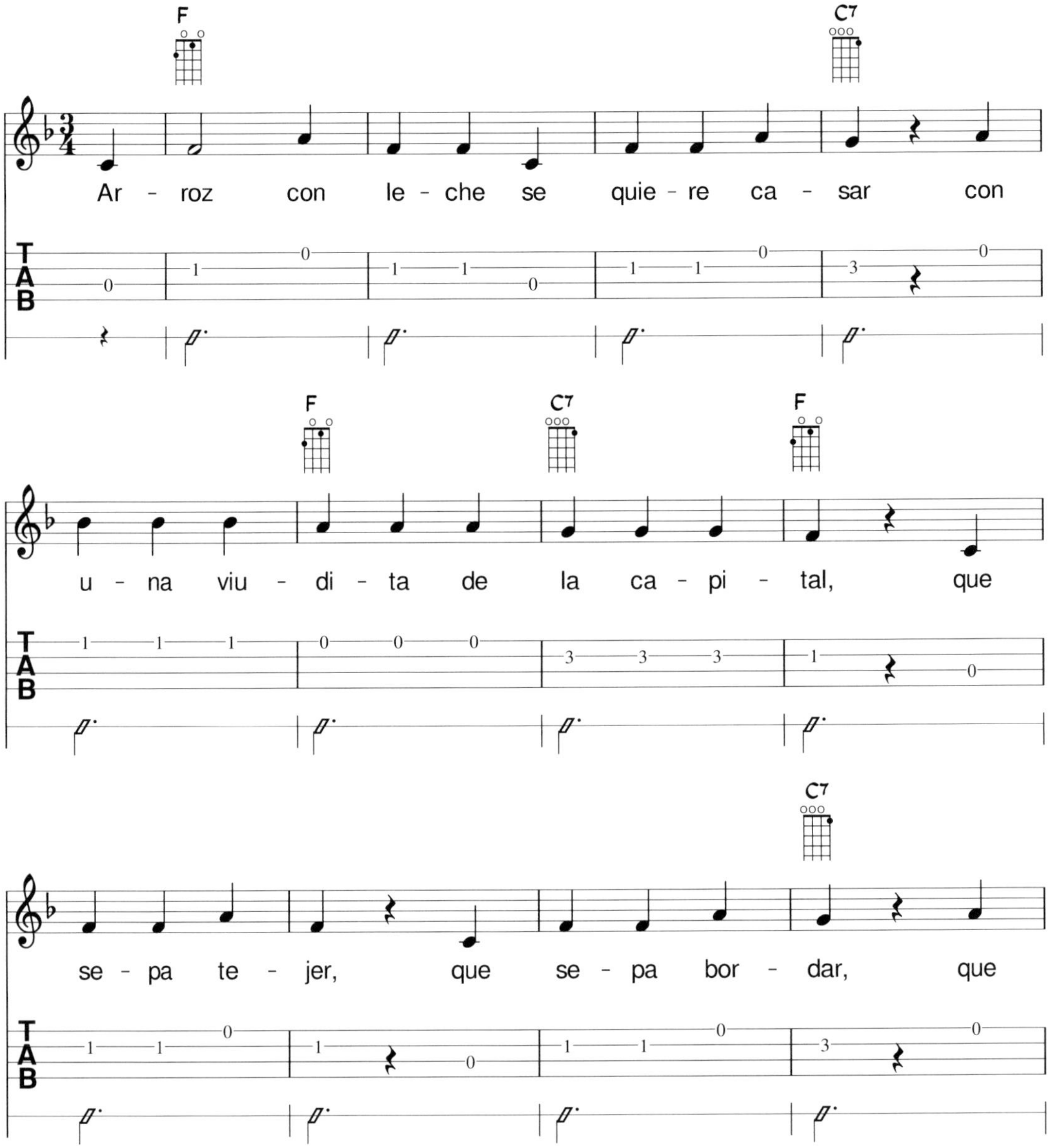

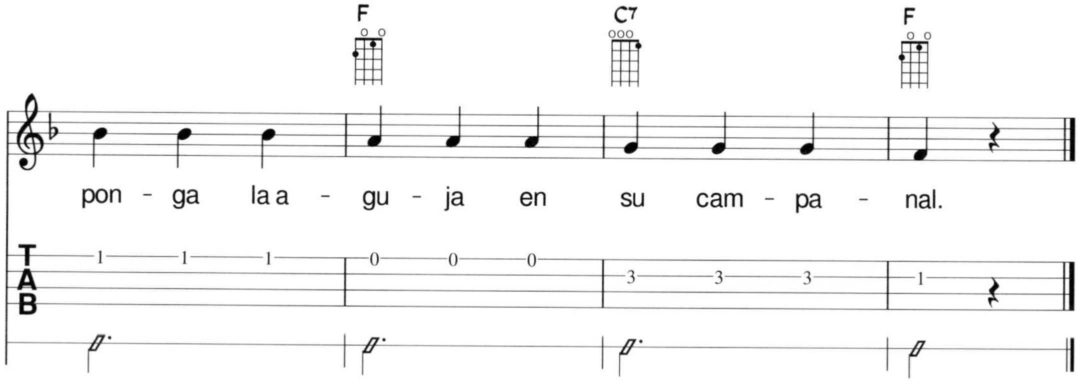

Volkslied aus Mexiko

```
F                           C7
2. Yo soy la viudita, la hija del rey.
            F      C7        F
   Me quiero casar y no sé con quien.
                   C7
   Contigo sí, contigo no.
           F       C7     F
   Contigo, mi vida, me casaré yo.
```

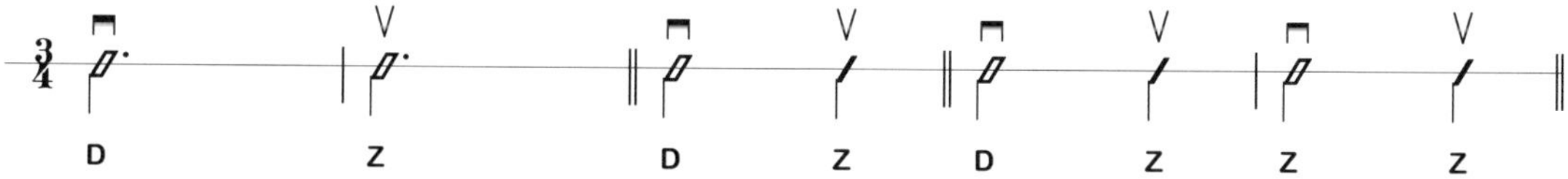

A sailor went to sea

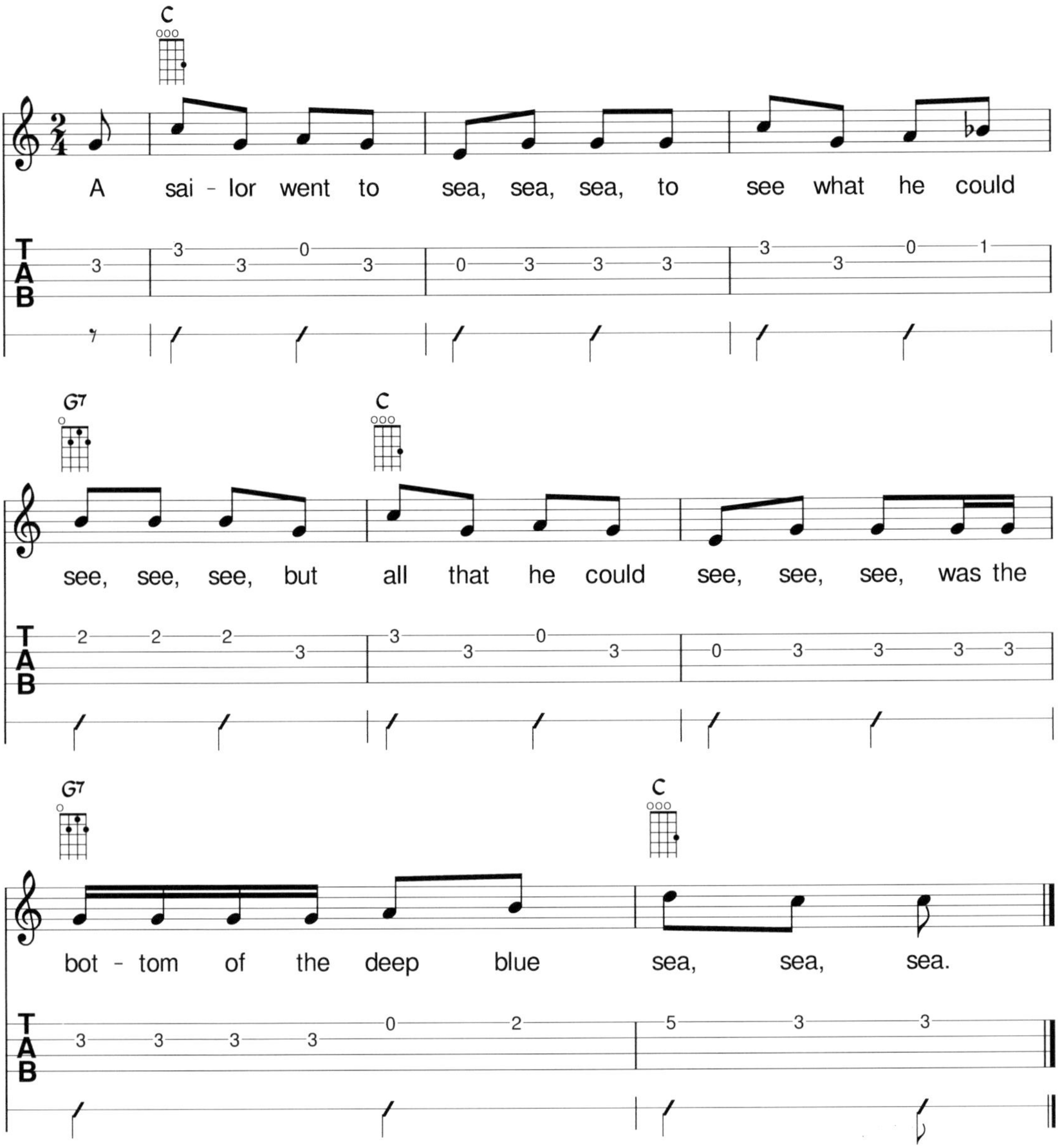

Volkstümliches Lied zu einem Klatsch- und Bewegungsspiel

```
     C
2. A sailor went to chop, chop, chop,
                         G7
   to see what he could chop, chop, chop,
       C
   and all what he could chop, chop, chop,
           G7                   C
   was the bottom of the deep blue chop, chop, chop.

     C
3. A sailor went to knee, knee, knee,
                         G7
   to see what he could knee, knee, knee,
      C
   but all that he could knee, knee, knee,
           G7                   C
   was the bottom of the deep blue knee, knee, knee.

     C
4. A sailor went to toe, toe, toe, ...

     C
5. A sailor went to snap, snap, snap, ...

     C
6. A sailor went to jump, jump, jump, ...
```

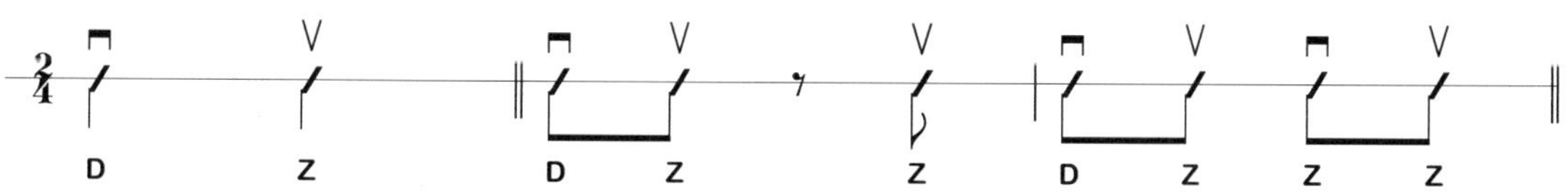

Shortnin' bread

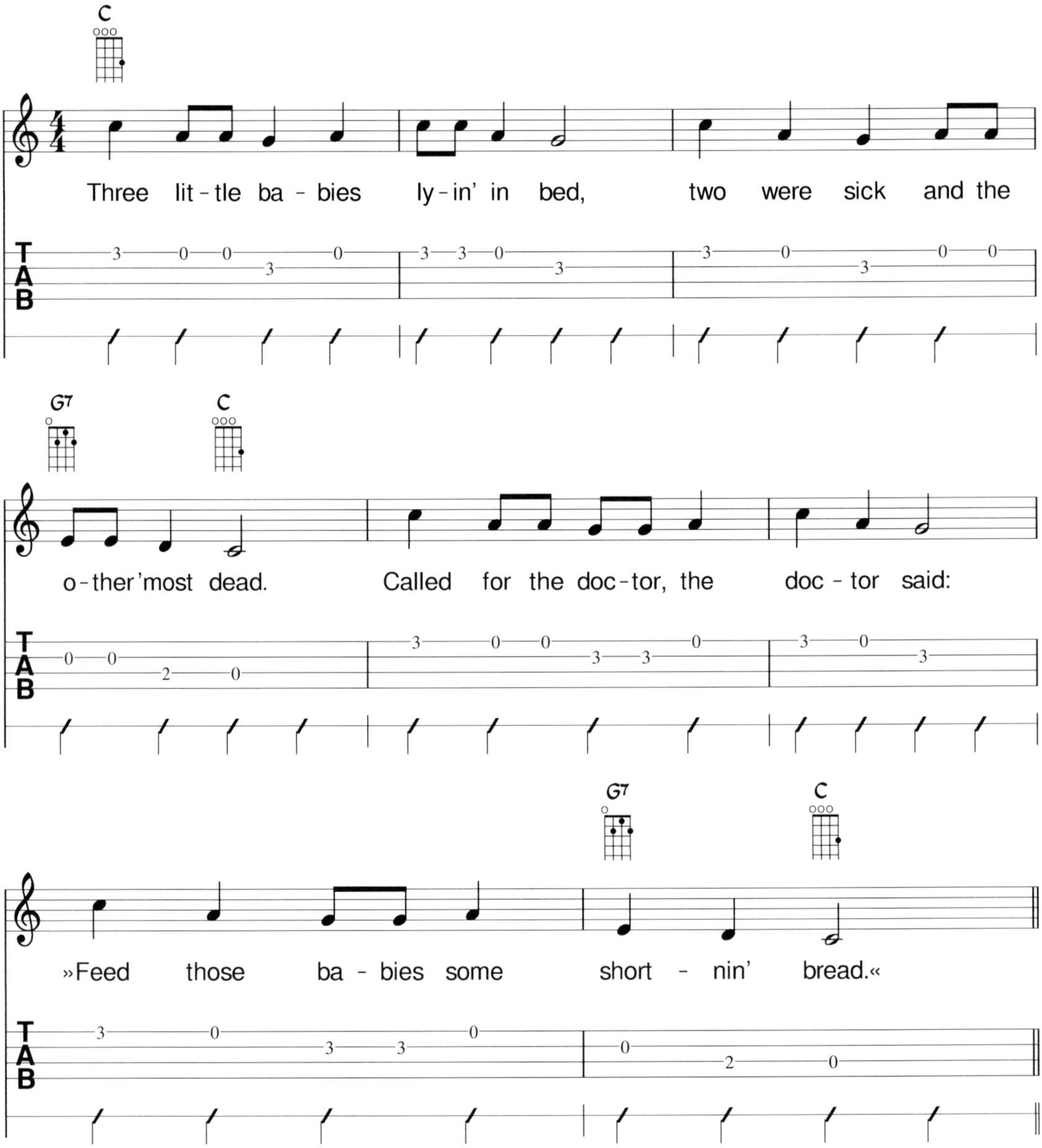

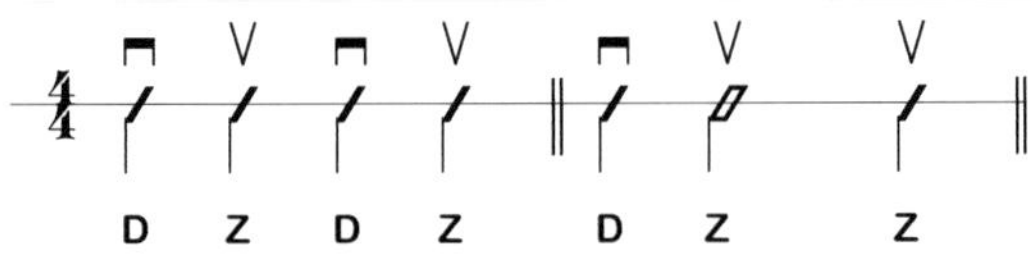

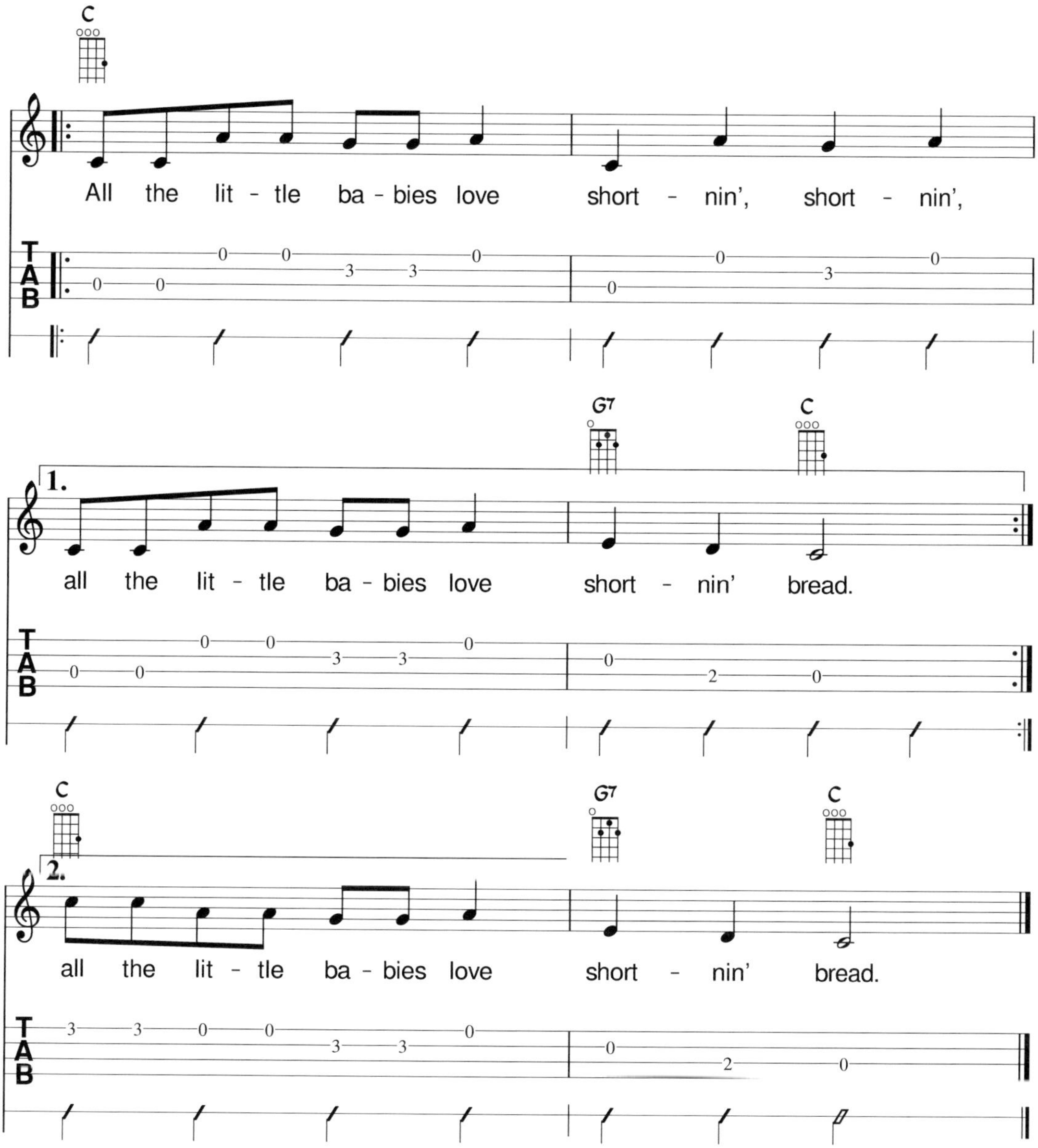

Volkstümliche Version des Liedes »A short'nin' bread Song – pieced out«
von James Whitcomb Riley (1849–1916), 1900.

2.– 4. Strophe auf S. 24

```
   C
2. When those babies, sick in bed,
                           G7          C
   heard that talk about short'nin' bread,

   popped up well to dance and sing,
                                    G7       C
   skipped around and cut the pigeon wing.

    C
   |: All the little babies love short'nin', short'nin',
                                 G7          C
   all the little babies love short'nin' bread. :|

  C
3. Slip to the kitchen, slip up the led,
                              G7          C
   filled my pockets full of short'nin' bread;

   stole the skillet, stole the led,
                         G7          C
   stole the gal makin' short'nin' bread.

    C
   |: All the little babies love short'nin', short'nin',
                                 G7          C
   all the little babies love short'nin' bread. :|

  C
4. Caught me with the skillet, caught me with the led,
                                    G7          C
   caught me with the gal makin' short'nin' bread;

   paid six dollars for the skillet, six dollars for the led,
                                   G7          C
   spent six months in jail eatin' short'nin' bread.

    C
   |: All the little babies love short'nin', short'nin',
                                 G7          C
   all the little babies love short'nin' bread. :|
```

Cai, cai balão

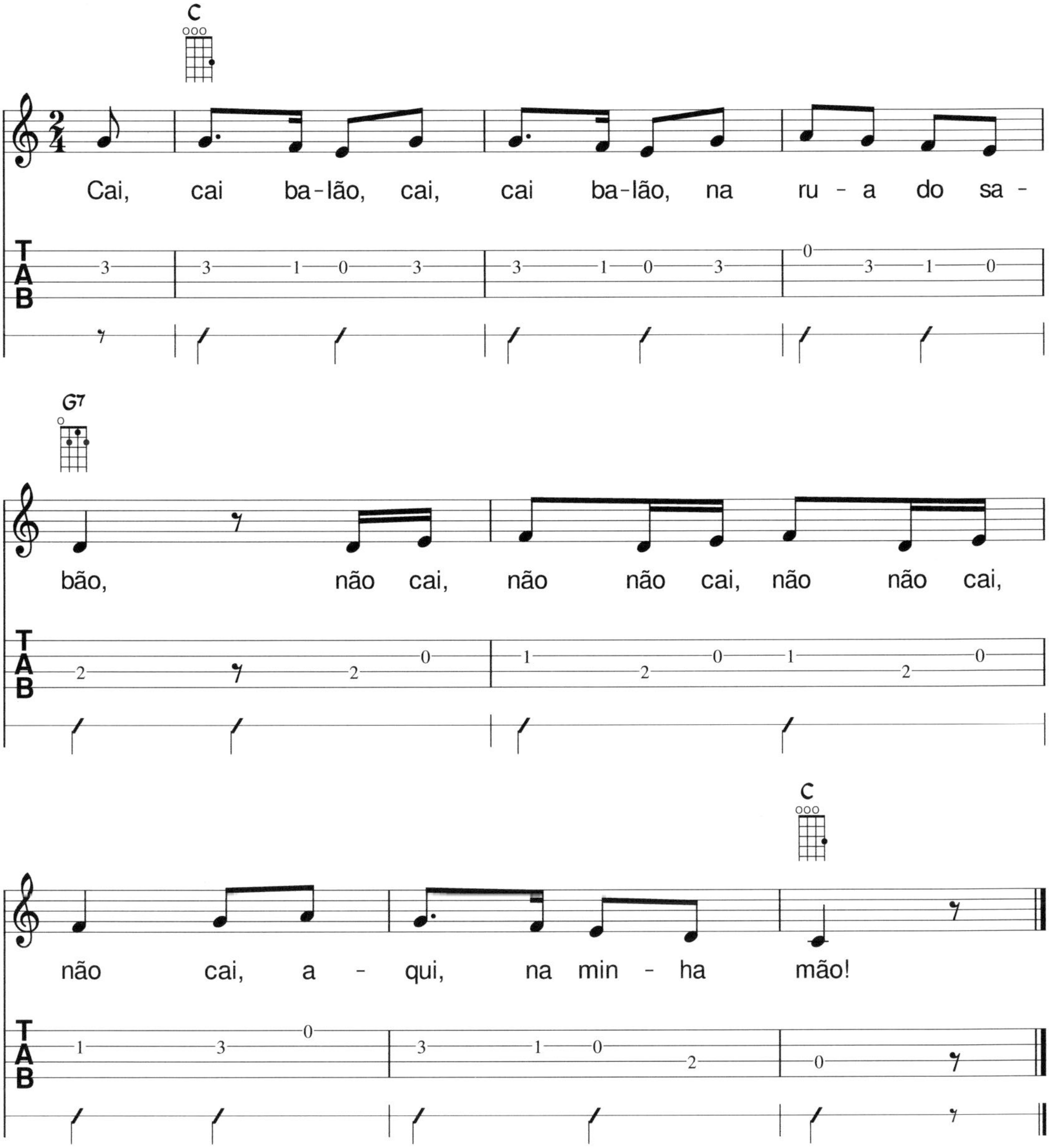

Volkstümliches Kinderlied aus Brasilien

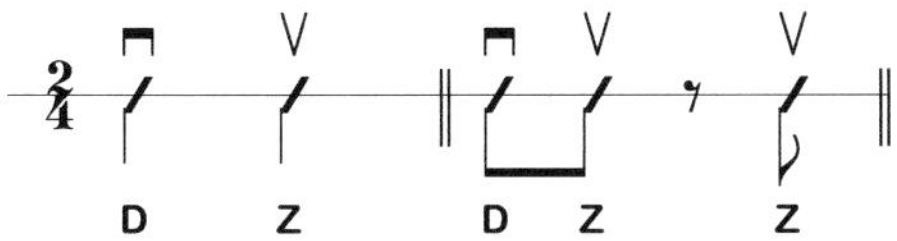

Übersetzung:
Fall, fall, Ballon ... auf die Seifenstraße,
fall nicht hier in meine Hand.

Widewidewenne

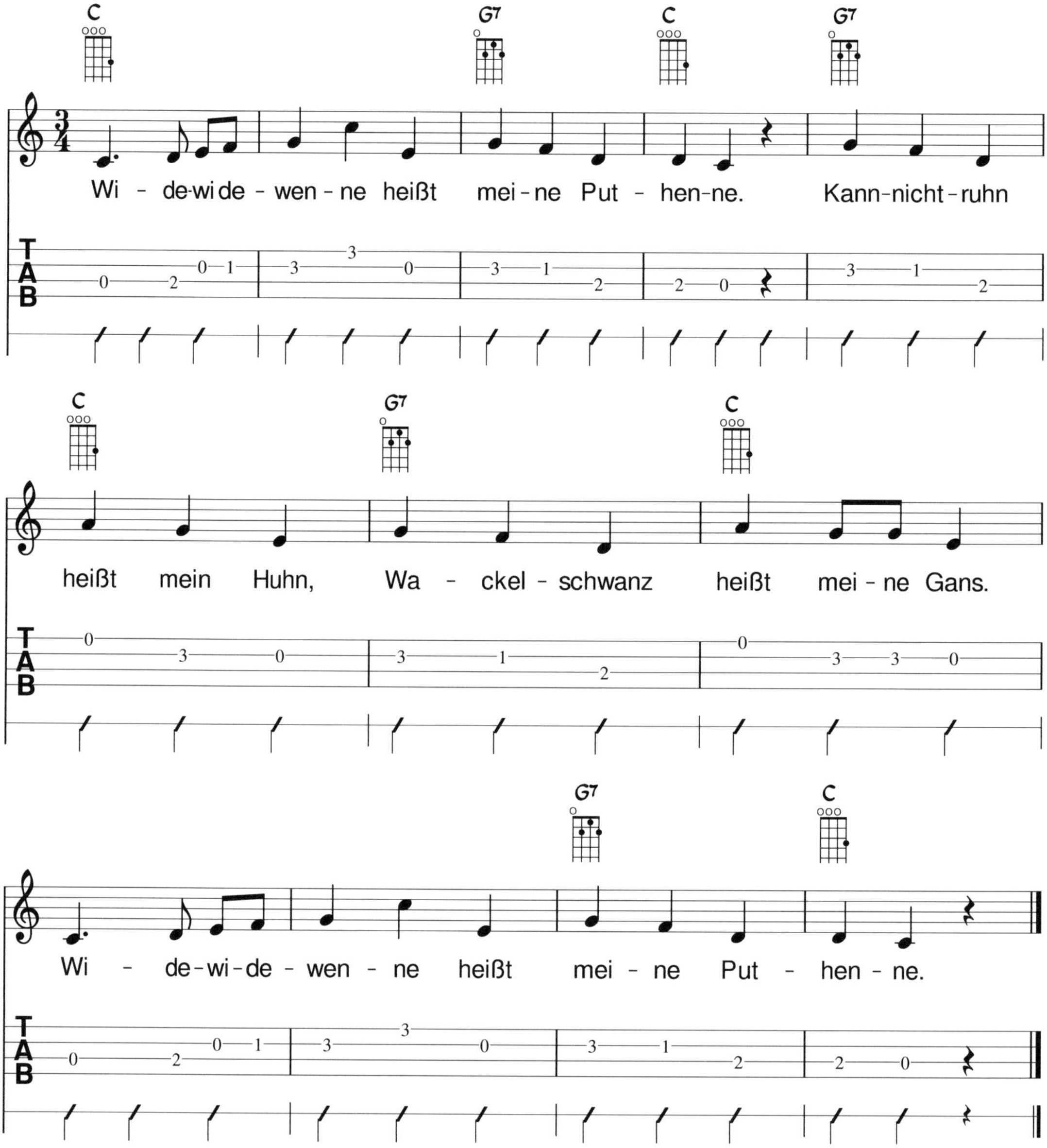

Volkslied aus Holstein, 19. Jahrhundert.

C G7 C
2. Widewidewenne heißt meine Puthenne.
G7 C
Schwarz-und-weiß heißt meine Geiß,
G7 C
Kurzebein heißt mein Schwein.
G7 C
Widewidewenne heißt meine Puthenne.

C G7 C
3. Widewidewenne heißt meine Puthenne.
G7 C
Ehrenwert heißt mein Pferd,
G7 C
Gute-Muh heißt meine Kuh.
G7 C
Widewidewenne heißt meine Puthenne.

C G7 C
4. Widewidewenne heißt meine Puthenne.
G7 C
Wettermann heißt mein Hahn,
G7 C
Kunterbunt heißt mein Hund.
G7 C
Widewidewenne heißt meine Puthenne.

C G7 C
5. Widewidewenne heißt meine Puthenne.
G7 C
Guck-heraus heißt mein Haus,
G7 C
Schlupf-hinaus heißt meine Maus.
G7 C
Widewidewenne heißt meine Puthenne.

C G7 C
6. Widewidewenne heißt meine Puthenne.
G7 C
Wohlgetan heißt mein Mann,
G7 C
Sausewind heißt mein Kind.
G7 C
Widewidewenne heißt meine Puthenne.

C G7 C
7. Widewidewenne heißt meine Puthenne.
G7 C
Lebe-recht heißt mein Knecht,
G7 C
Spät-betagt heißt meine Magd.
G7 C
Widewidewenne heißt meine Puthenne.

Gesprochen:
Nun kennt ihr mich mit Mann und Kind
und meinem ganzen Hofgesind'.

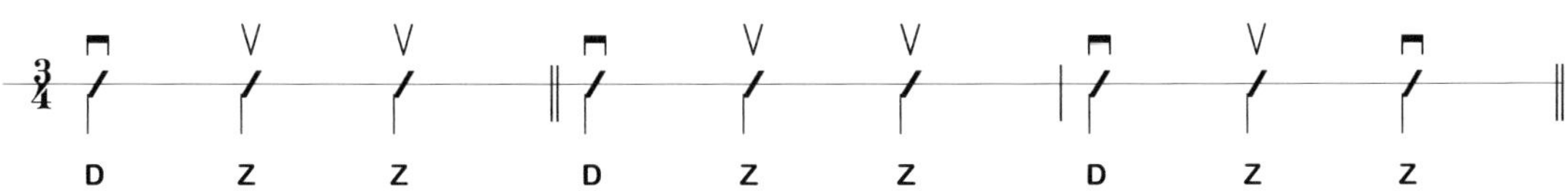

In Mutters Stübele

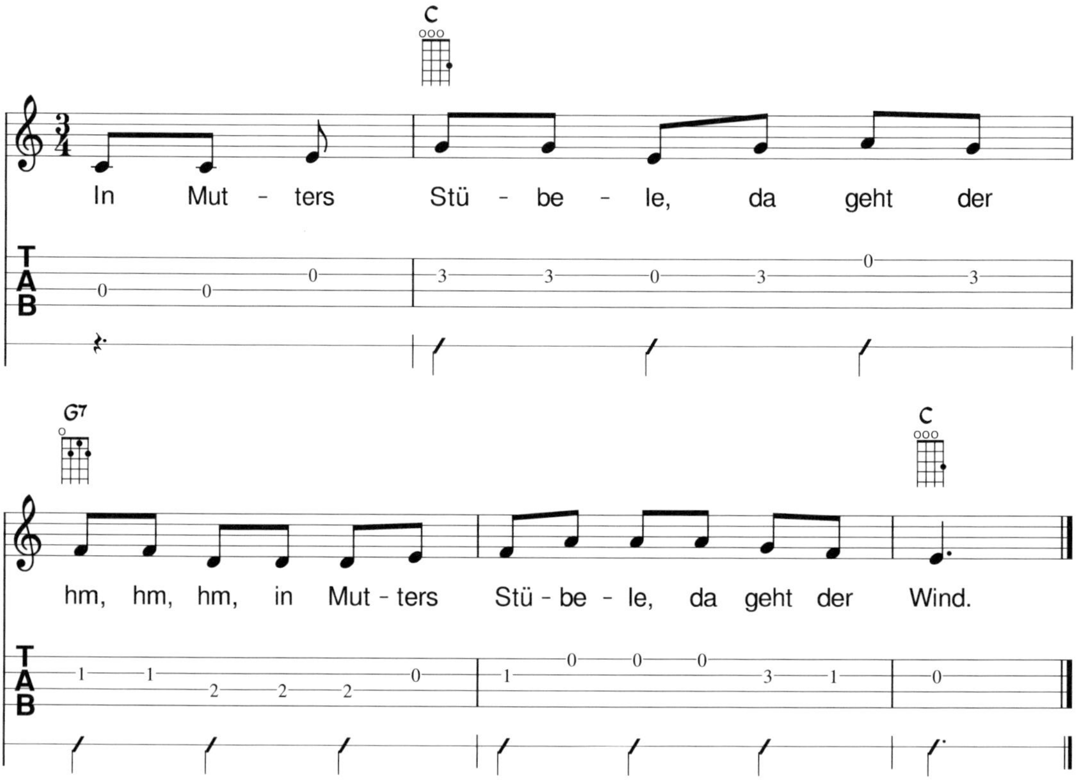

Volkslied aus dem Breisgau, 19. Jahrhundert.

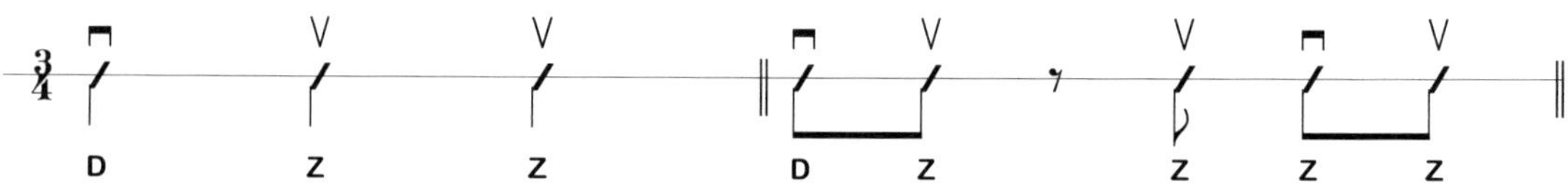

```
                C                          G7
2. Ich muss erfrieren drin mit meinem hm, hm, hm,
                                            C
   ich muss erfrieren drin mit meinem Kind.

                  C                          G7
3. Wenn das die Mutter wüsst, dass ich erfrieren muss,
                                          C
   sie würde grämen sich bis in den Tod.

                 C                          G7
4. Ich geh vors Herrenhaus und du vors hm, hm, hm,
                                             C
   ich geh vors Herrenhaus und du vors Tor.

               C                  G7
5. Ich krieg ein Äpfele und du ein hm, hm, hm,
                                    C
   ich krieg ein Äpfele und du ein' Birn.

                C                               G7
6. Ich sag »vergelts euch Gott«, und du sagst »hm, hm, hm«,
                                                 C
   ich sag »vergelts euch Gott«, und du »schön' Dank«.
```

Chickalileeo

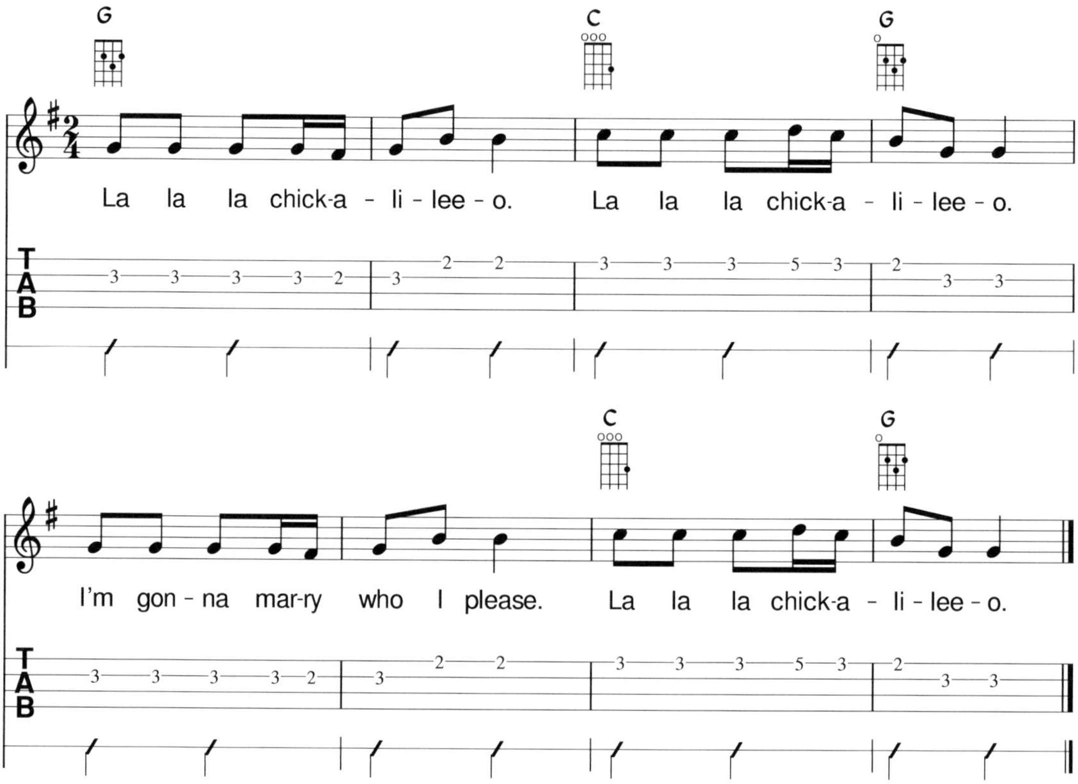

Amerikanisches Volkslied aus dem Appalachengebirge

G
2. I'll bet you I will if you marry me,
C G
la la la chickalileeo,
la la la chickalileeo,
C G
la la la chickalileeo.

G
3. Now I'm gonna marry Little Johnny Green,
C G
la la la chickalileeo,
he's the prett'est boy I've ever seen,
C G
la la la chickalileeo.

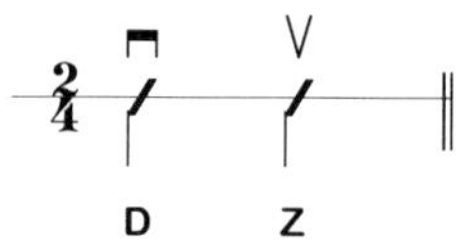

G
4. But he's gone off to the war away,
C G
la la la chickalileeo,
he'll come back some pretty fair day,
C G
la la la chickalileeo.

G
5. La la la chickalileeo,
C G
la la la chickalileeo,
la la la chickalileeo,
C G
la la la chickalileeo.

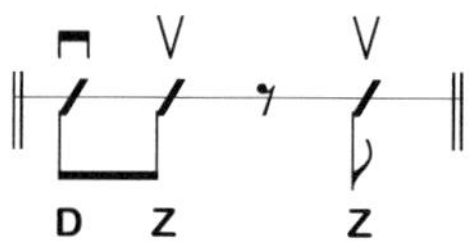

Captain, go sidetrack your train

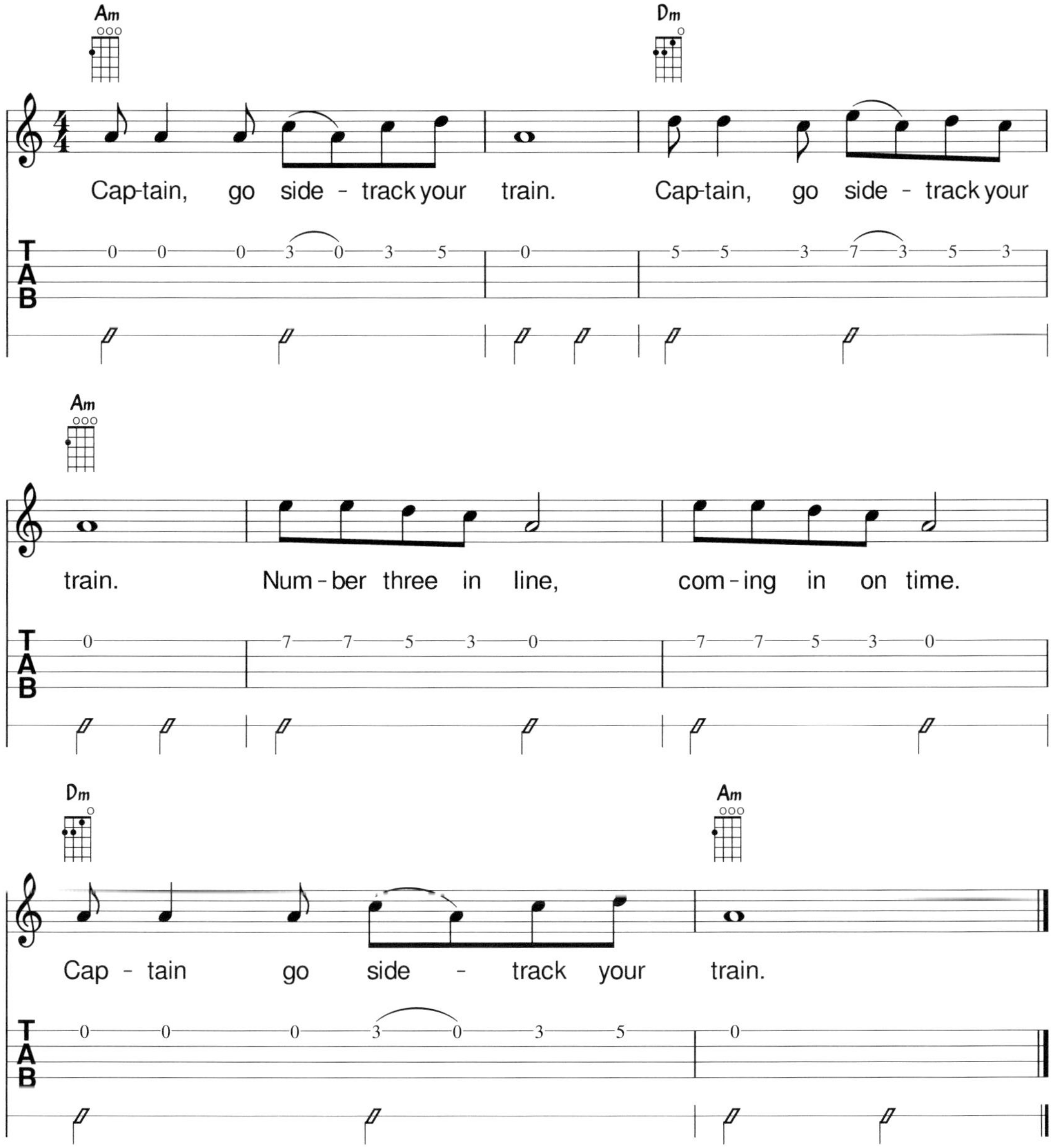

Afroamerikanisches Arbeitslied

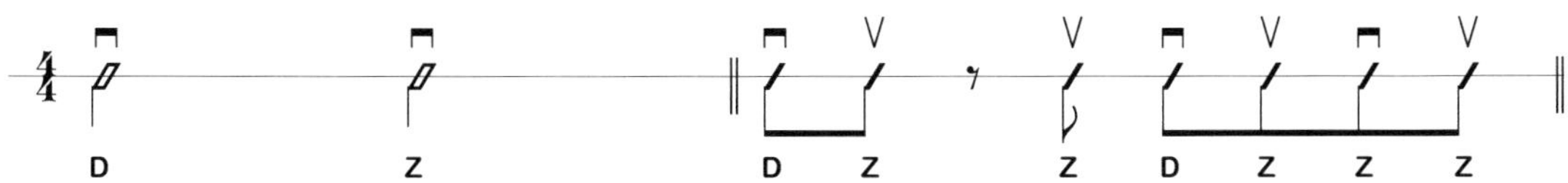

Tanz mit mir

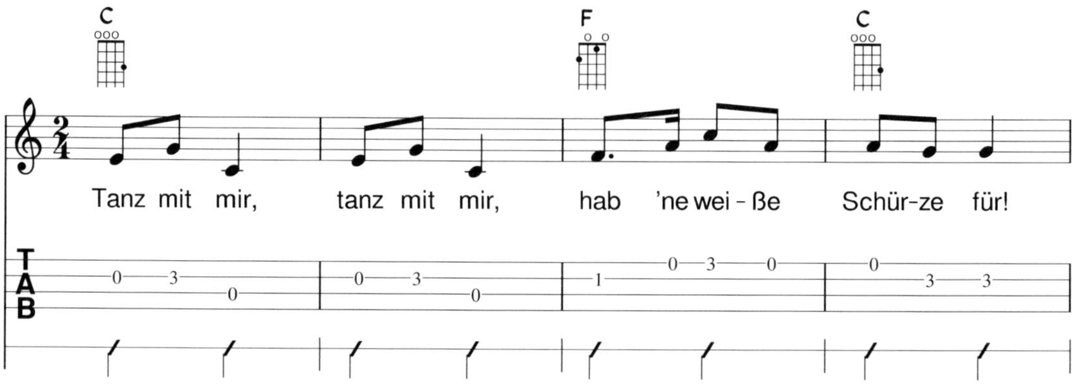

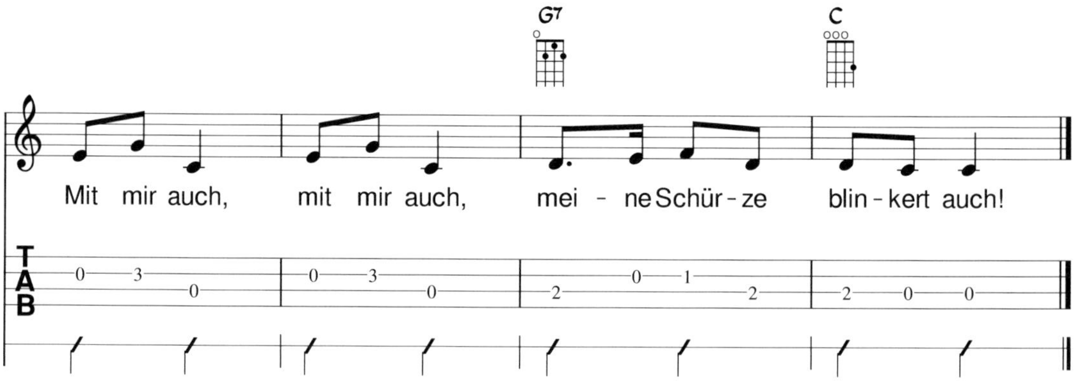

Volkstümliches Tanzlied aus Pommern

C **F** **C**
2. Tanz mit mir, tanz mit mir, hab 'ne weiße Schürze für!
G7 **C**
Lass nicht ab, lass nicht ab, bis die Schürze Löcher hat.

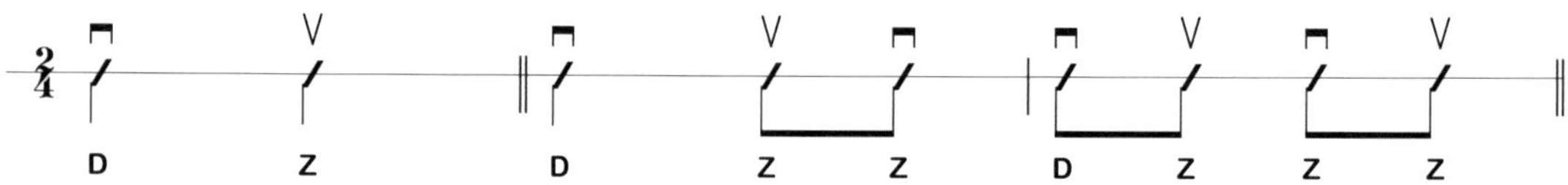

Schlagmuster »On top of old smoky«, S. 33:

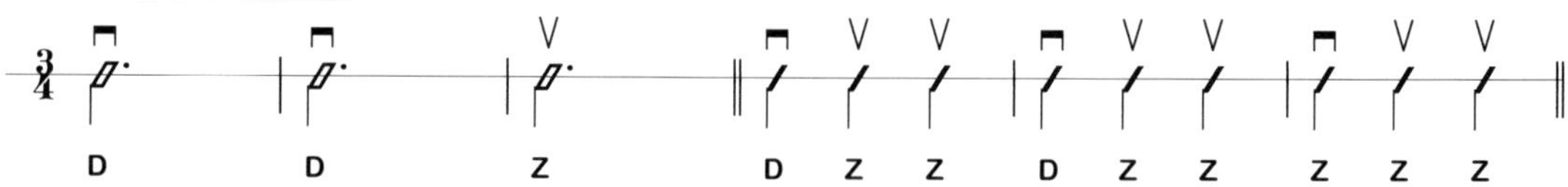

On top of old smoky

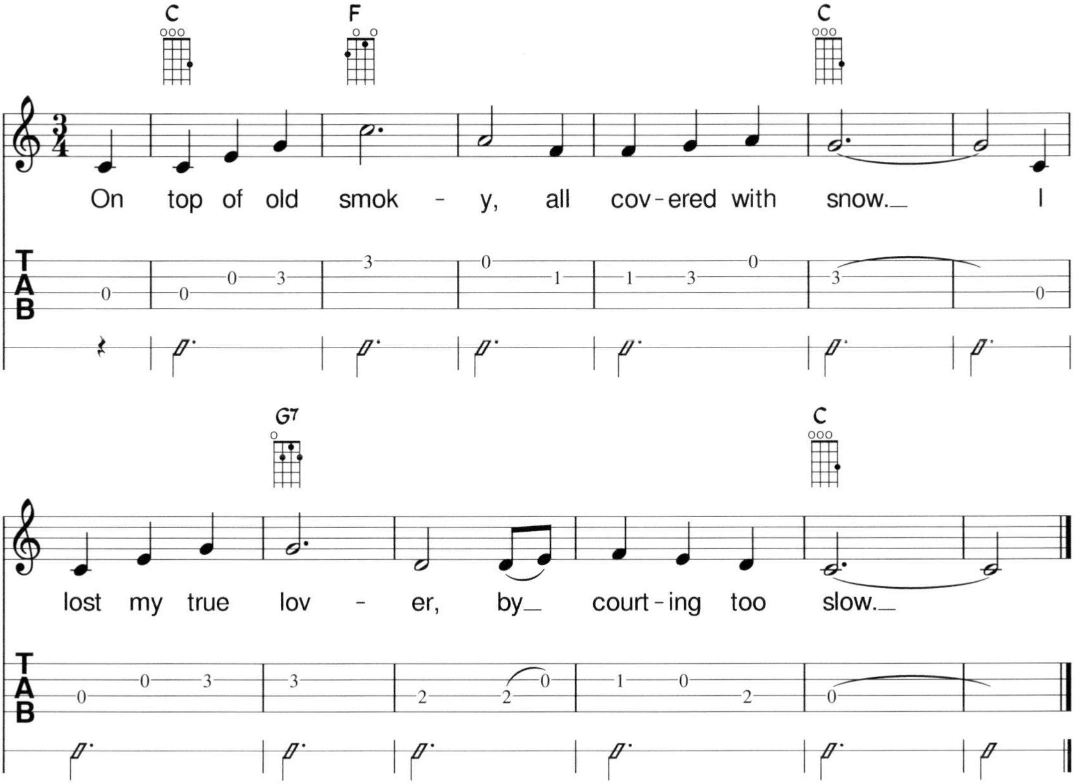

Amerikanische Volksballade

C **F**
2. For courtin's a pleasure,
C
but partin' is grief,
G7
and a false-hearted lover
C
is worse than a thief.

C **F**
3. A thief will just rob you
C
and take what you crave,
G7
but a false-hearted lover
C
will lead you to your grave.

C **F**
4. The grave will decay you
C
and turn you to dust,
G7
not one boy in a hundred
C
a poor girl can trust.

C **F**
5. They'll hug you and kiss you
C
and tell you more lies,
G7
than crossties on a railroad
C
or stars in the sky.

Banks of Sacramento

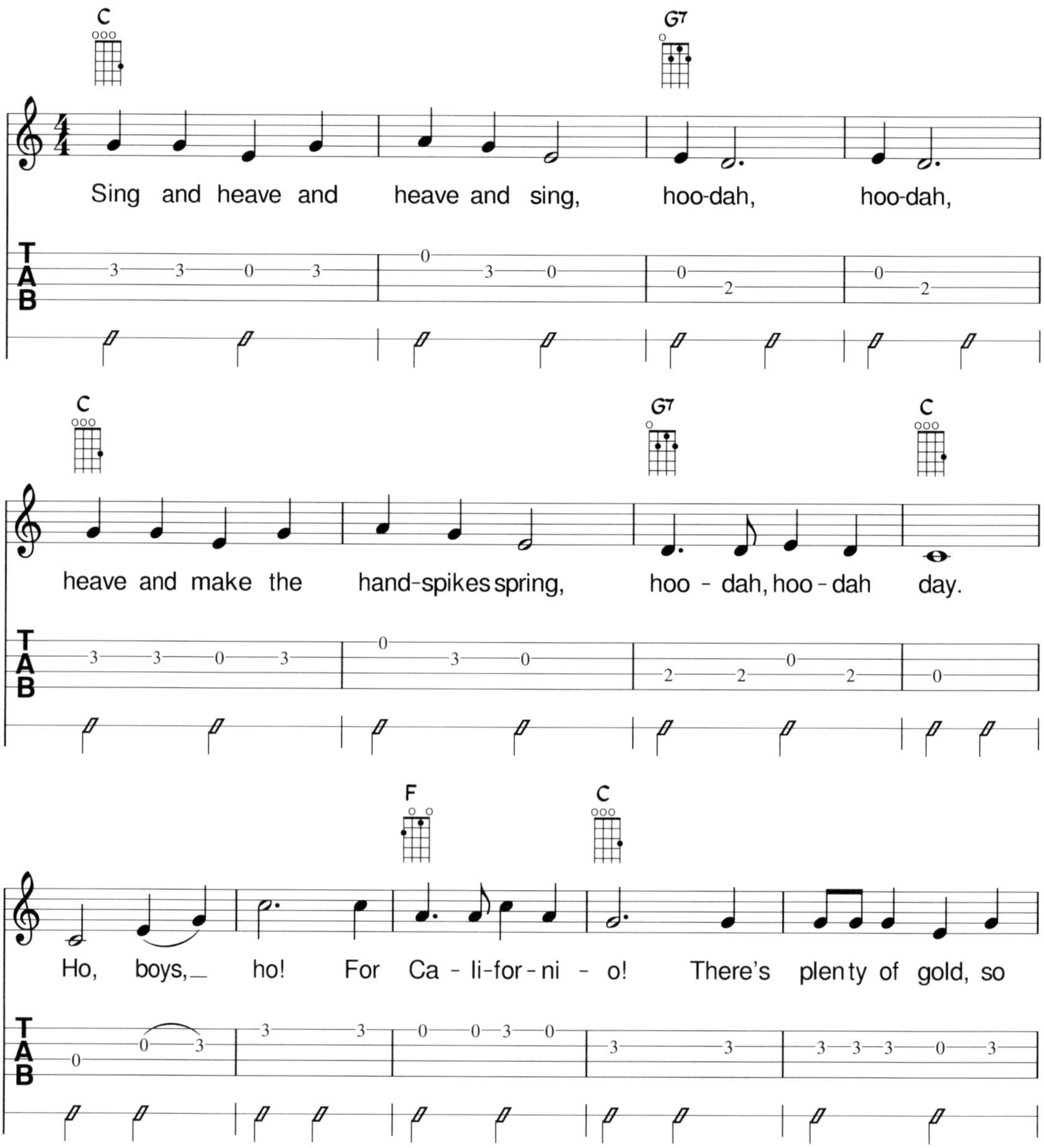

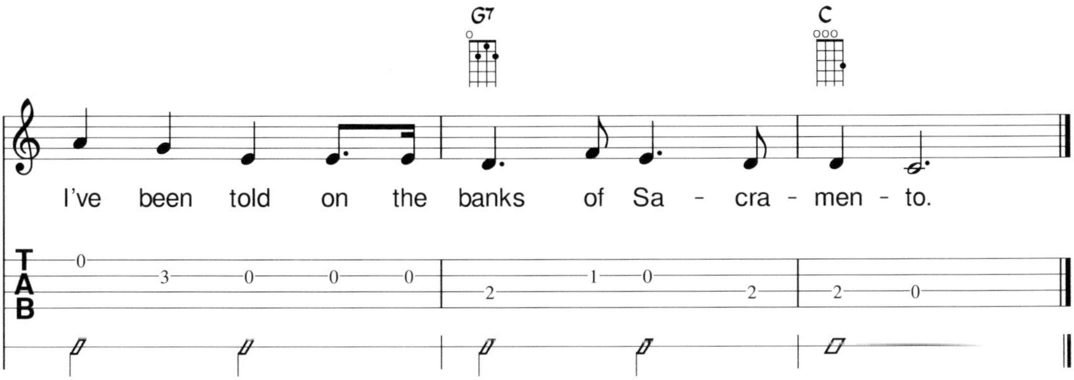

Amerikanischer Shanty, 1849, Melodie auch bekannt durch »Camptown races«
von Stephen Collins Foster (1826–1864), 1850.

C G7
2. From Limehouse Docks to Sydney Heads, hoodah, hoodah,
C G7 C
was never more than seventy days, hoodah, hoodah day.
F C
Ho, boys, ho! For Californio!
G7 C
There's plenty of gold, so I've been told on the banks of Sacramento.

C G7
3. We cracked it on a big skiute, hoodah, hoodah,
C G7 C
and the old man felt like a swell galoot, hoodah, hoodah day.
F C
Ho, boys, ho! For Californio!
G7 C
There's plenty of gold, so I've been told on the banks of Sacramento.

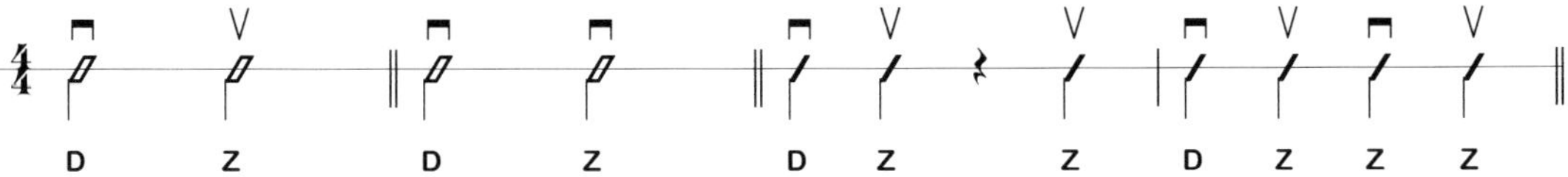

Wenn der Topp aber nun 'n Loch hat

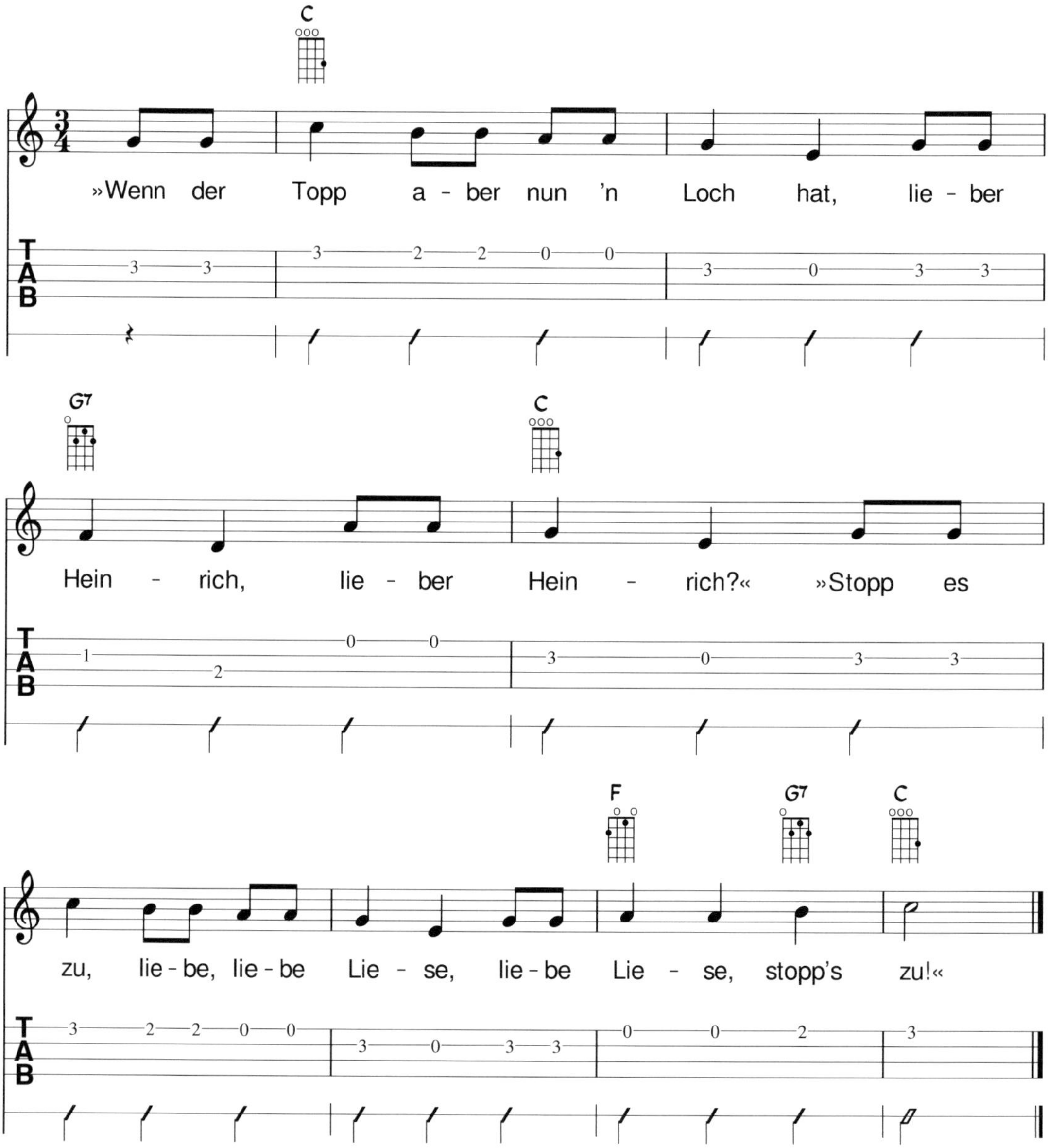

Volkslied, in vielen Varianten seit 1740 verbreitet.

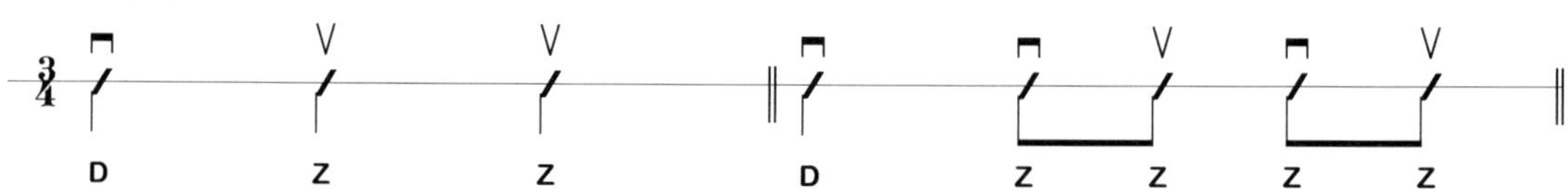

C
2. »Womit soll ich's aber zustopp'n,
G7 C
lieber Heinrich, lieber Heinrich?«
»Nimm Stroh, liebe, liebe Liese,
F G7 C
liebe Liese, nimm Stroh!«

C
3. »Wenn das Stroh aber nun zu lang is,
G7 C
lieber Heinrich, lieber Heinrich?«
»Hau es ab, liebe, liebe Liese,
F G7 C
liebe Liese, hau's ab!«

C
4. »Womit soll ich's aber abhau'n,
G7 C
lieber Heinrich, lieber Heinrich?«
»Mit dem Beil, liebe, liebe Liese,
F G7 C
liebe Liese, mit'm Beil!«

C
5. »Wenn das Beil aber nun zu stumpf ist,
G7 C
lieber Heinrich, lieber Heinrich?«
»Mach es scharf, liebe, liebe Liese,
F G7 C
liebe Liese, mach's scharf!«

C
6. »Womit soll ich's aber scharf mach'n,
G7 C
lieber Heinrich, lieber Heinrich?«
»Mit dem Stein, liebe, liebe Liese,
F G7 C
liebe Liese, mit'm Stein!«

C
7. »Wenn der Stein aber nun zu trock'n ist,
G7 C
lieber Heinrich, lieber Heinrich?«
»Mach' ihn nass, liebe, liebe Liese,
F G7 C
liebe Liese, mach'n nass!«

C
8. »Womit soll ich'n aber nass mach'n,
G7 C
lieber Heinrich, lieber Heinrich?«
»Mit'm Wasser, liebe, liebe Liese,
F G7 C
liebe Liese, mit'm Wasser!«

C
9. »Womit soll ich denn das Wasser hol'n,
G7 C
lieber Heinrich, lieber Heinrich?«
»Mit dem Topp, liebe, liebe Liese,
F G7 C
liebe Liese, mit'm Topp!«

C
10. »Wenn der Topp aber nun'n Loch hat,
G7 C
lieber Heinrich, lieber Heinrich?«
»Lass es sein, dumme, dumme Liese,
F G7 C
dumme Liese, lass es sein!«

Leise, Peterle, leise

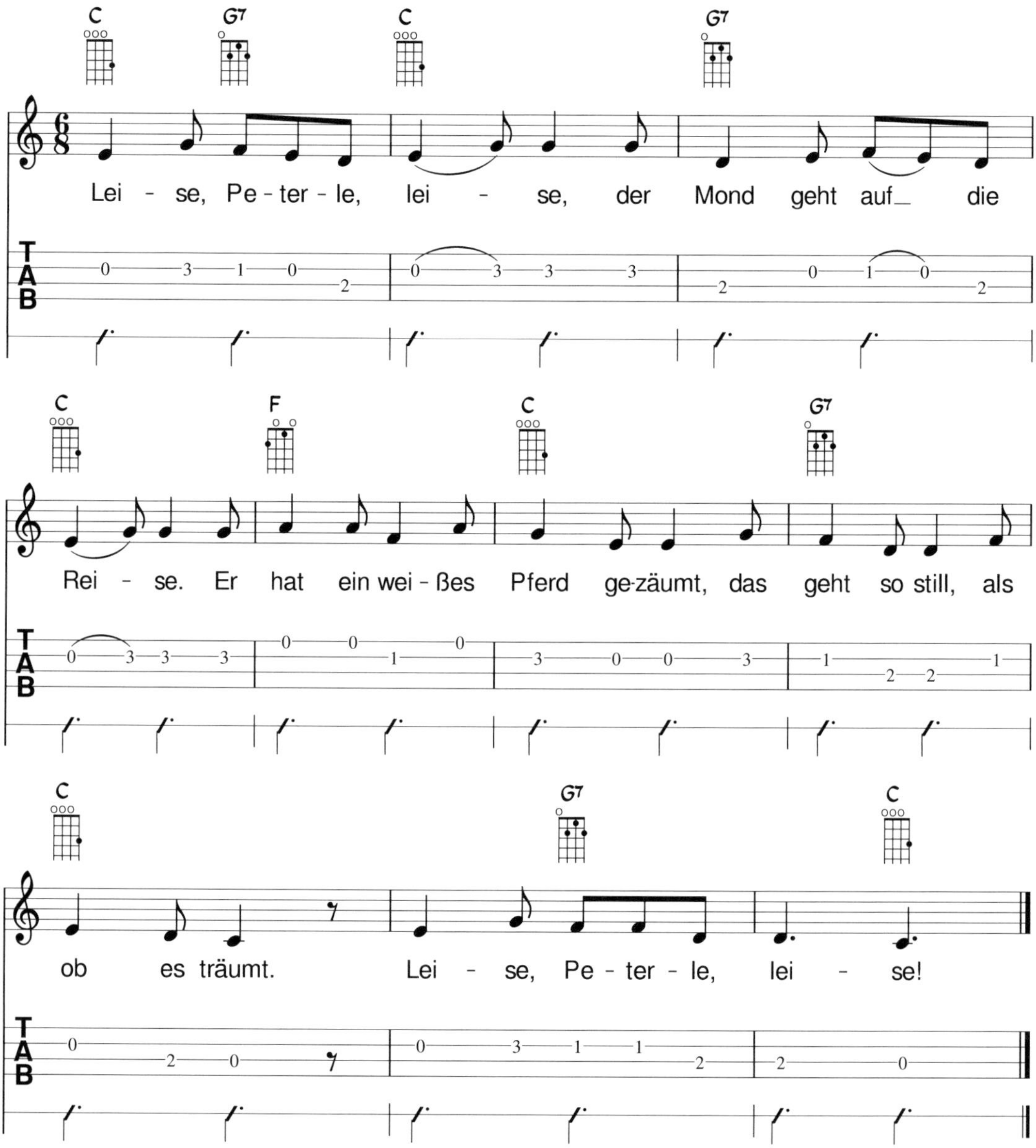

Volkstümliches Schlaflied; Text: Paula Dehmel, (1862–1918), 1903.

C G7 C
2. Stille, Peterle, stille,
G7 C
der Mond trägt eine Brille;
F C
ein graues Wölkchen schob sich vor,
G7 C
das sitzt ihm grad auf Nas und Ohr.
G7 C
Stille, Peterle, stille.

C G7 C
3. Träume, Peterle, träume,
G7 C
der Mond guckt durch die Bäume.
F C
Ich glaub sogar, jetzt bleibt er stehn,
G7 C
um Peterle im Traum zu sehn.
G7 C
Träume, Peterle, träume.

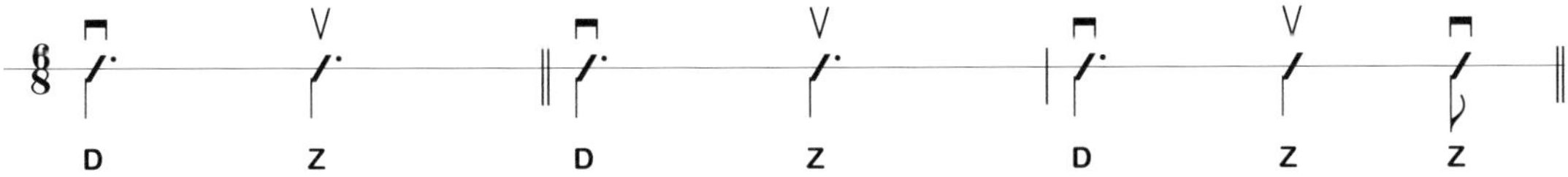

Les petites marionettes

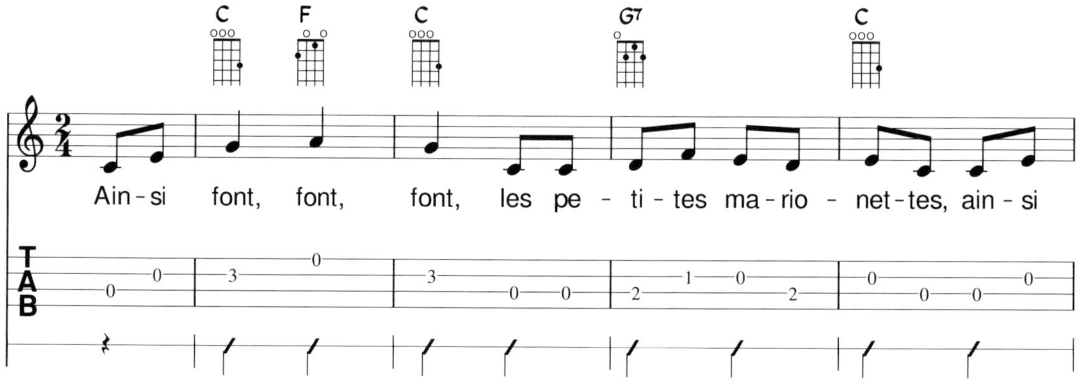

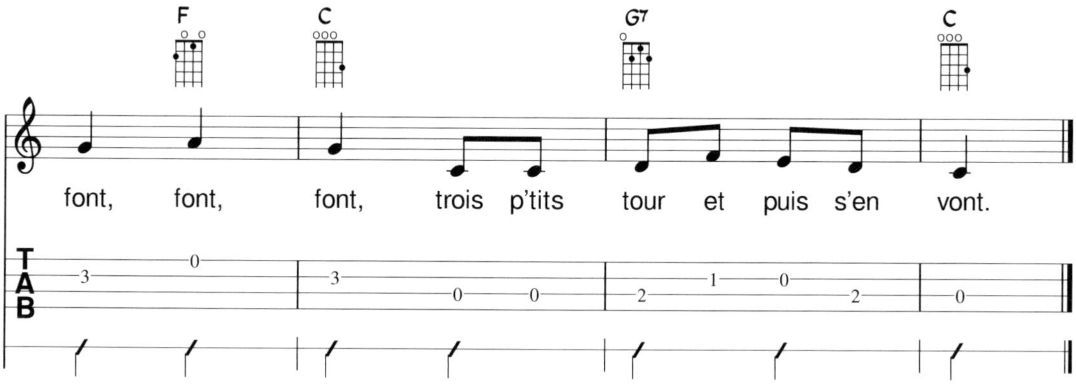

Volkstümliches Kinderlied aus Frankreich

C F C
2. Les mains aux côtés,
G7 C
sautez, sautez, marionnettes,
F C
les mains aux côtés,
G7 C
marionnettes, recommencez.

C F C
3. La taille courbée,
G7 C
tournez, tournez, marionnettes,
F C
la taille courbée,
G7 C
marionnettes, recommencez.

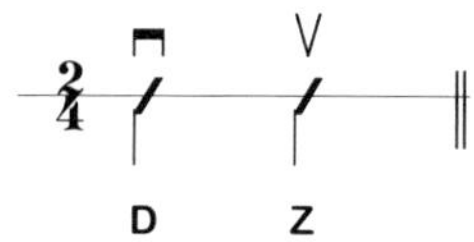

C F C
4. Puis le front penché,
G7 C
tournez, tournez, marionnettes,
F C
puis le front penché,
G7 C
marionnettes, recommencez.

C F C
5. Et elles danseront,
G7 C
les petites marionnettes,
F C
et elles danseront,
G7 C
quand les enfants dormiront.

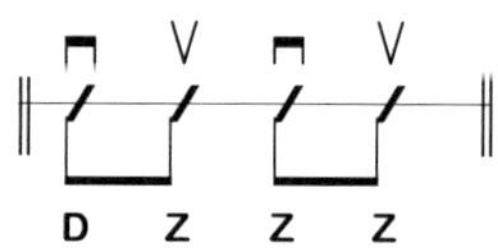

Kokoleoko

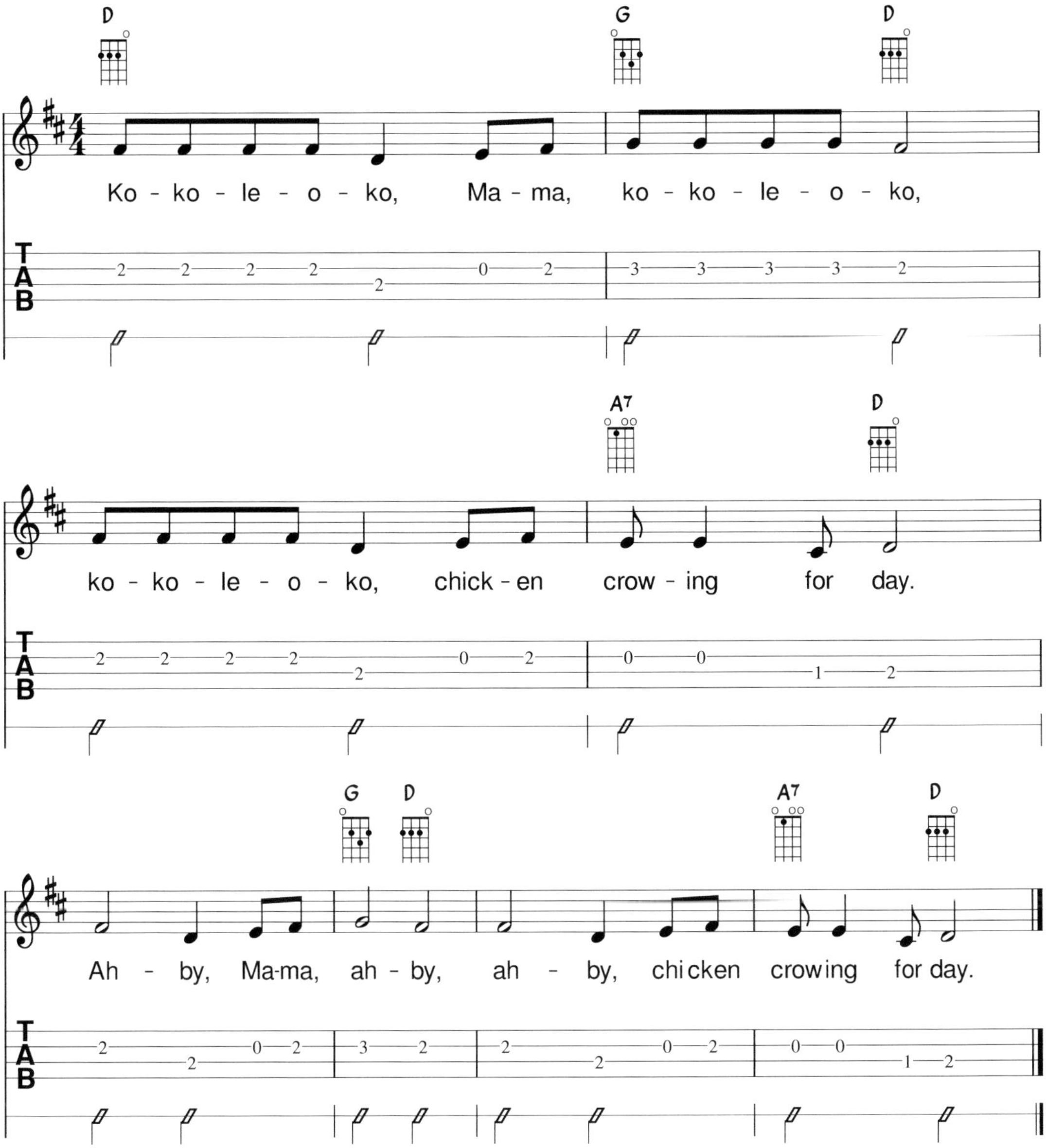

Volkstümliches Kinderlied aus West-Afrika

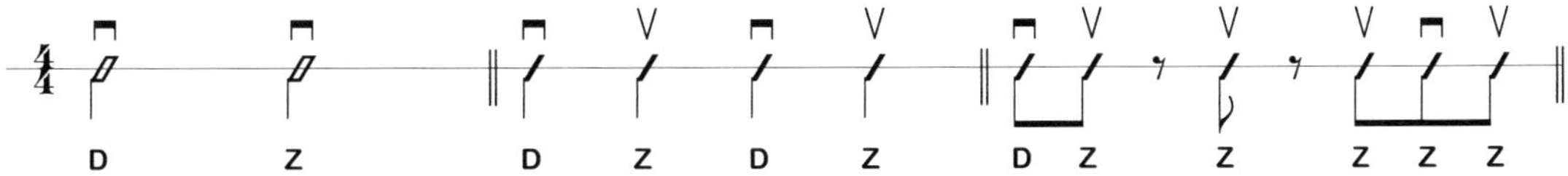

Mama don't allow

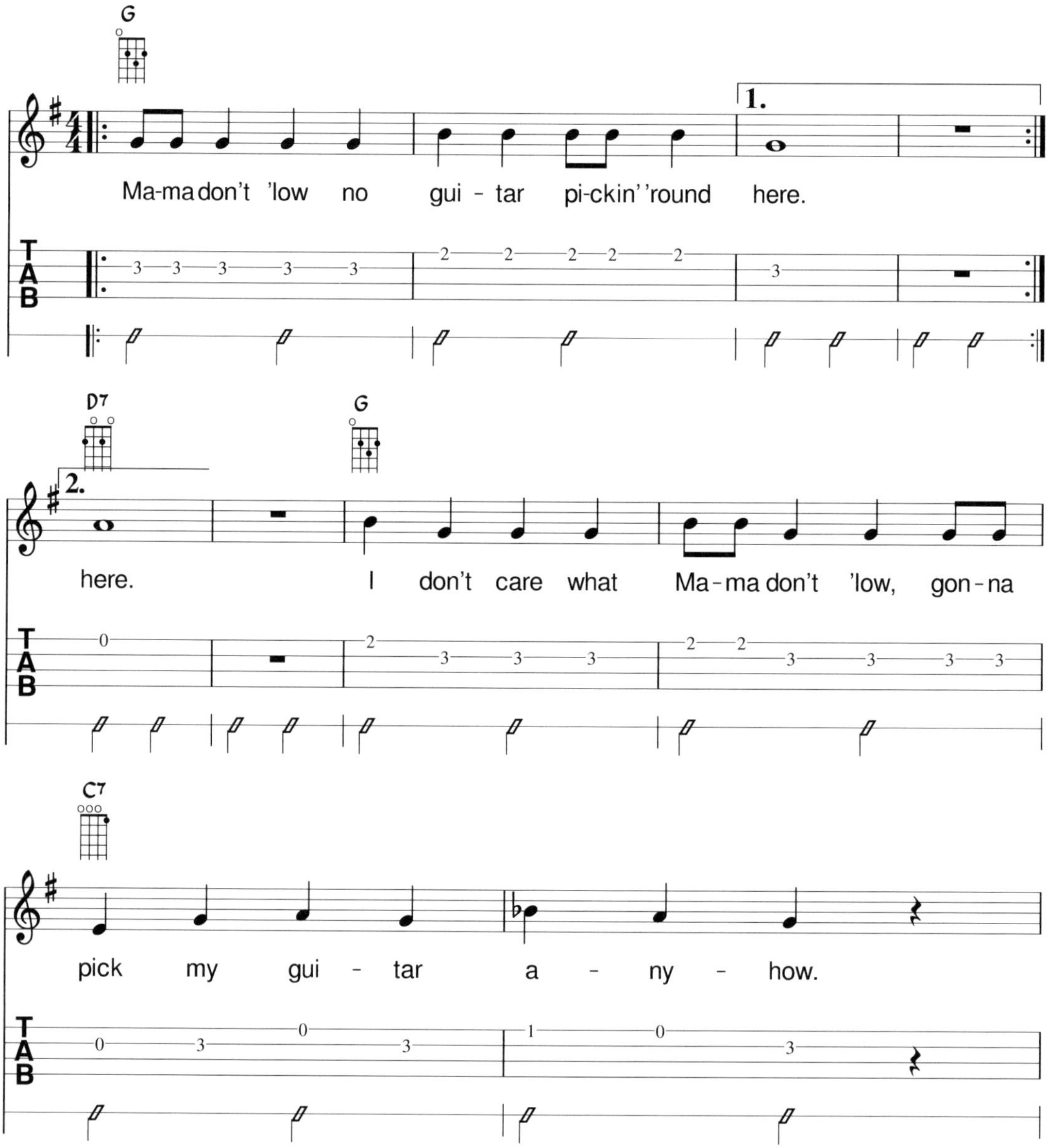

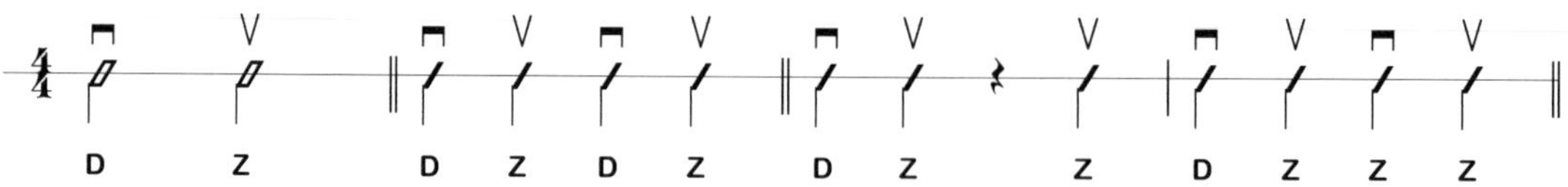

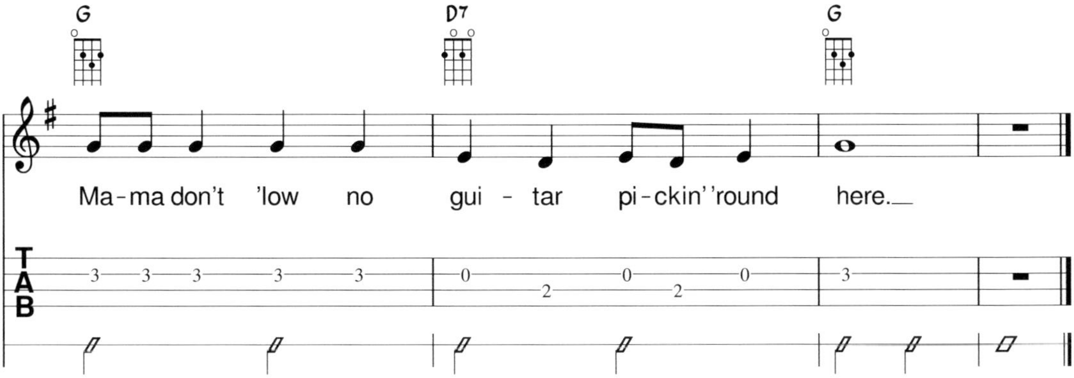

Volkslied aus Amerika

G
2. Mama don't 'low no banjo pickin' 'round here,
D7
Mama don't 'low no banjo pickin' 'round here.
G C7
I don't care what mama don't 'low, gonna pick my banjo anyhow,
G D7 G
Mama don't 'low no banjo pickin' 'round here.

G
3. Mama don't 'low no ukulele playin' 'round here,
D7
Mama don't 'low no ukulele playin' 'round here.
G C7
I don't care what mama don't 'low, gonna play my ukulele anyhow,
G D7 G
Mama don't 'low no ukulele playin' 'round here.

G
4. Mama don't 'low no music playin' 'round here,
D7
Mama don't 'low no music playin' 'round here.
G C7
I don't care what mama don't 'low, gonna play my music anyhow,
G D7 G
Mama don't 'low no music playin' 'round here.

Peace like a river

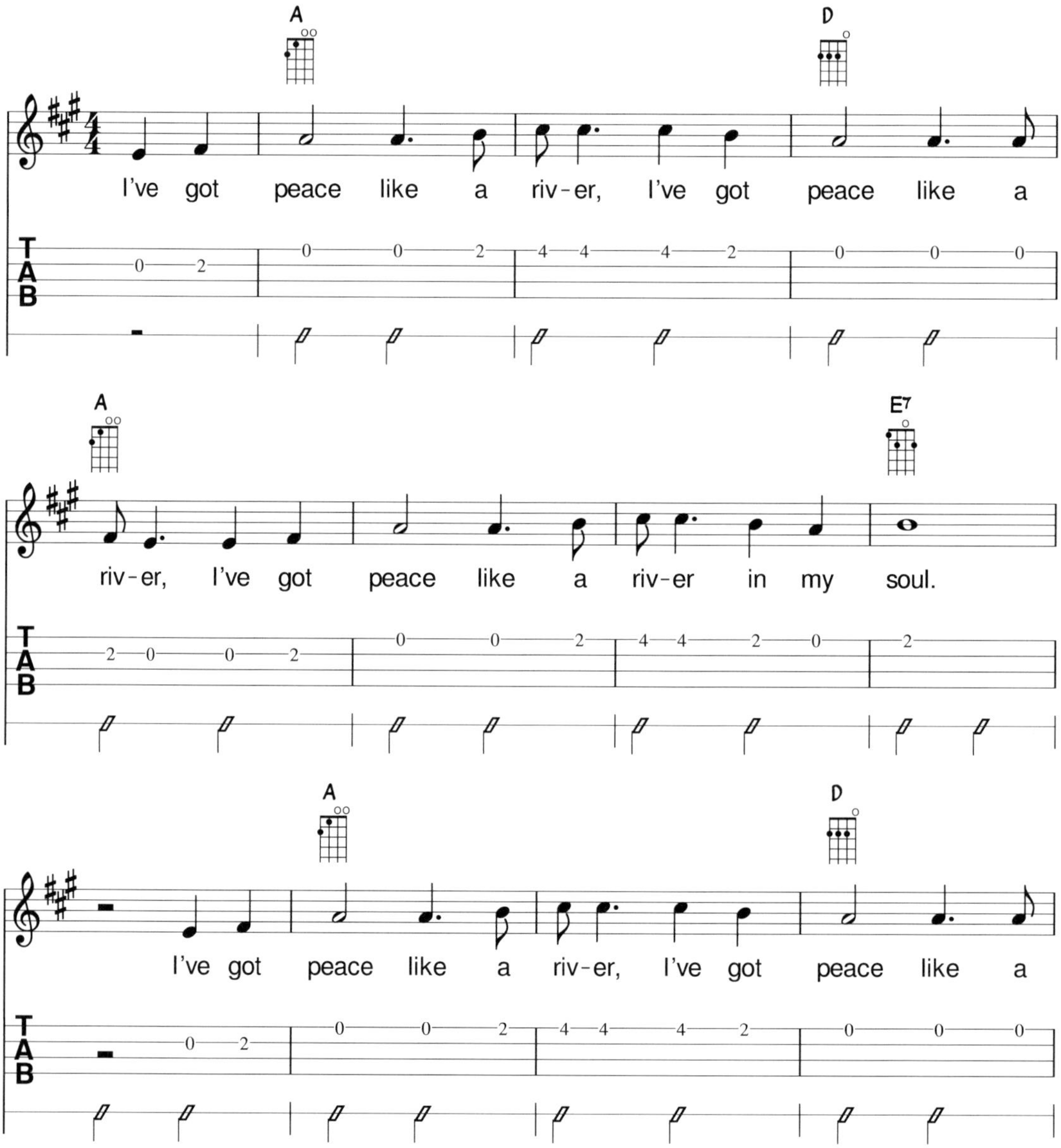

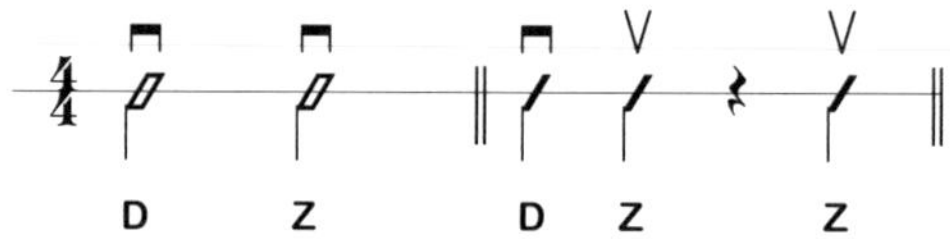

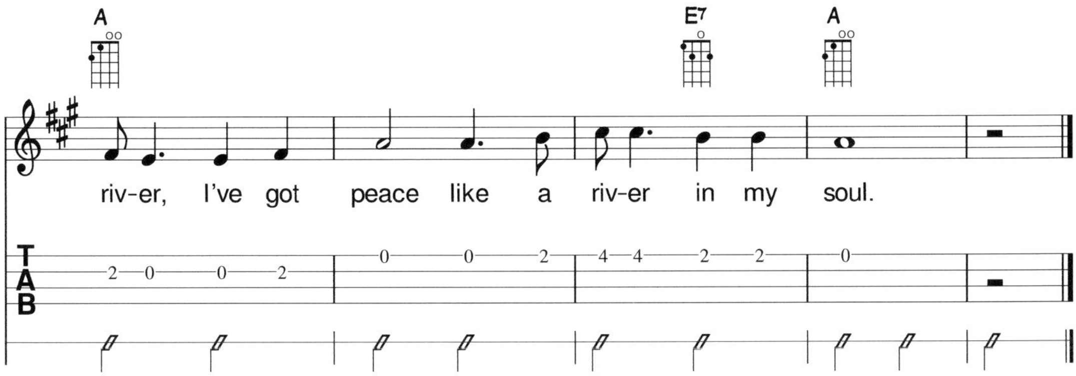

Afroamerikanisches Spiritual

A
2. I've got love like an ocean,
D A
I've got love like an ocean,
E7
I've got love like an ocean in my soul,
A
I've got love like an ocean,
D A
I've got love like an ocean,
E7 A
I've got love like an ocean in my soul.

A
3. I've got joy like a fountain,
D A
I've got joy like a fountain,
E7
I've got joy like a fountain in my soul,
A
I've got joy like a fountain,
D A
I've got joy like a fountain,
E7 A
I've got joy like a fountain in my soul.

Careless love

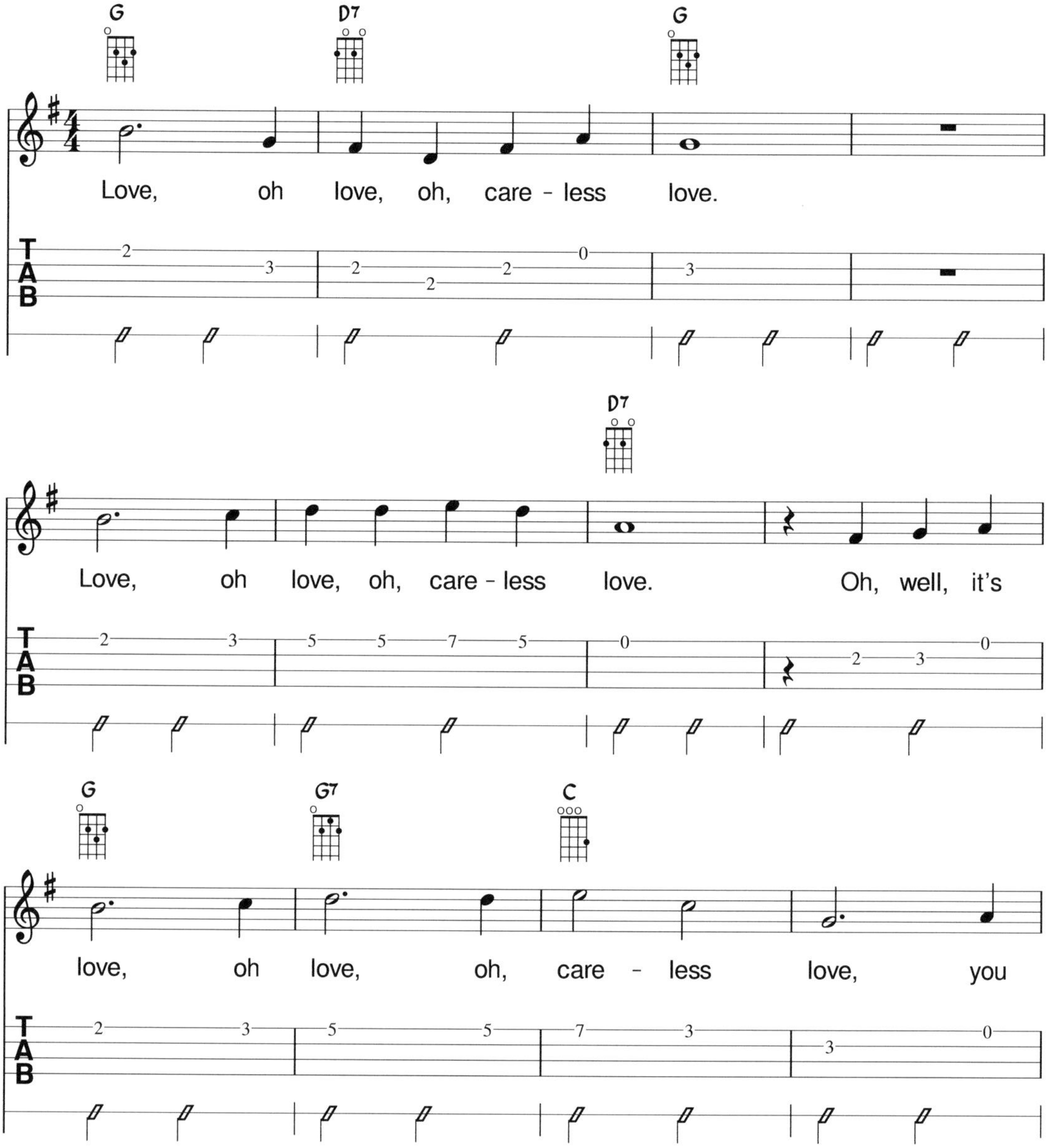

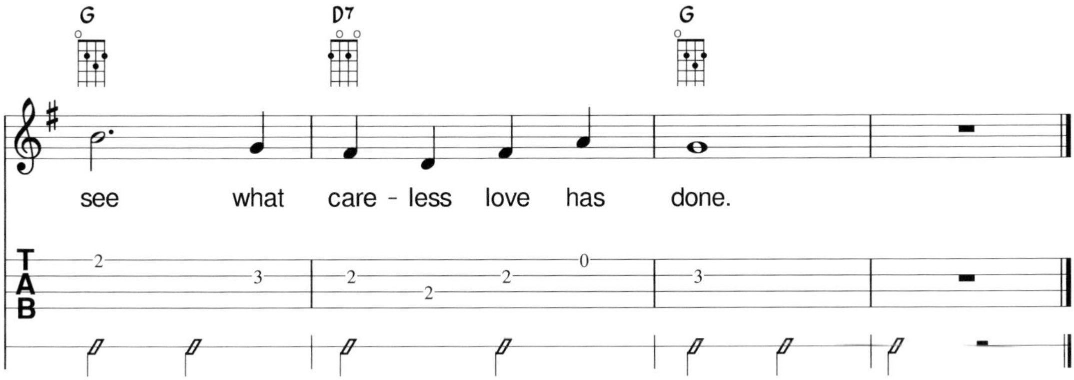

Volkslied aus Amerika

G D7 G
2. Once I wore my apron low.
D7
Once I wore my apron low.
G G7 C
Oh it's once I wore my apron low,
G D7 G
you'd follow me through rain and snow.

G D7 G
3. Now I wear my apron high.
D7
Now I wear my apron high.
G G7 C
Oh it's now I wear my apron high,
G D7 G
you'll see my door and pass it by.

G D7 G
4. I cried last night and the night before.
D7
I cried last night and the night before.
G G7 C
Oh I cried last night and the night before,
G D7 G
going to cry tonight and to cry no more.

G D7 G
5. Love, oh love, oh careless love.
D7
Love, oh love, oh careless love.
G G7 C
Oh it's love, oh love, oh careless love,
G D7 G
you see what careless love has done.

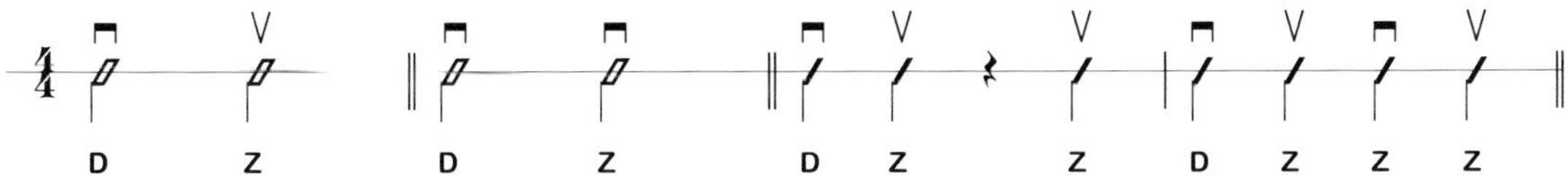

Jutta Riedel-Henck

DAS UKULELEN LIEDERBUCH

Stimmung g-c-e-a

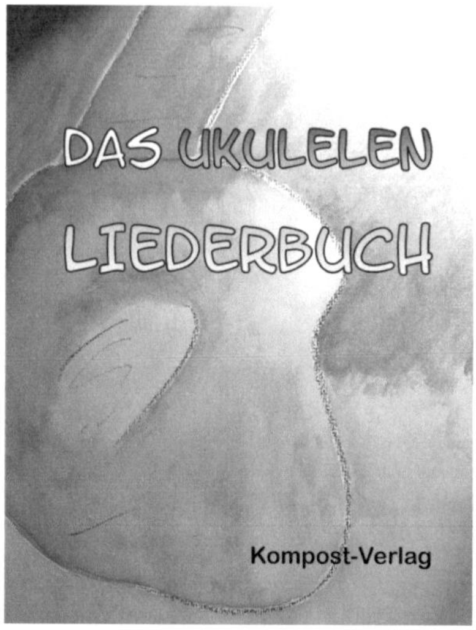

Ringbuch, 17 x 22 cm
320 Seiten
Ladenpreis: € 22,90
Erscheinungsjahr: 2014
ISBN 978-3-9802341-9-1

auch als E-Book (pdf)
im Verlagsshop: € 10,–

219 volkstümliche und eigene Lieder aus aller Welt,
1-Akkordlieder, Noten- und Einsingübungen, gegliedert in Themenbereiche: Jahreszeiten, Heimat, Liebe, Gesellschaft, Alltag, Spiel, Geburtstag, Kanon, Ukulele, Weltmusik, Schlaflieder, Spiritual, Weihnachtslieder.
Alle Lieder mit Melodie (Noten und TAB), Texten und Akkorden, Griffdiagrammen, Schlag- und Zupfbegleitmustern für Ukulele in C-Stimmung (g-c-e-a).
Lese- und blätterfreundliche Ausstattung: Ringbuchbindung.

Jutta Riedel-Henck

DAS UKULELEN WEIHNACHTS LIEDERBUCH

Stimmung g-c-e-a

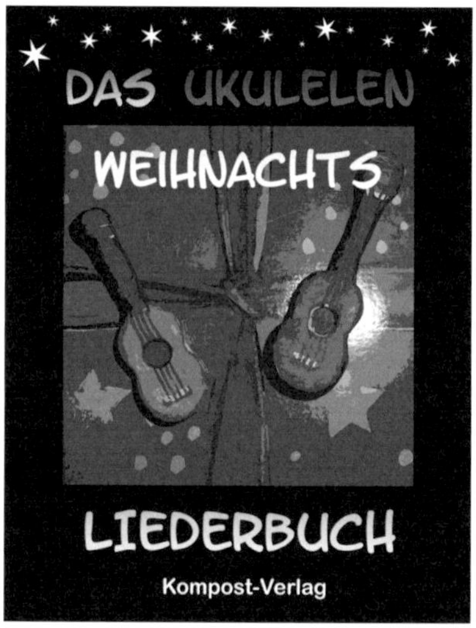

Paperback, 17 x 22 cm
116 Seiten
Ladenpreis: € 10,90
Erscheinungsjahr: 2014
ISBN 978-3-945793-00-8

auch als E-Book (pdf)
im Verlagsshop: € 5,50

50 Weihnachtslieder aus aller Welt.
Alle Lieder mit Melodie (Noten und TAB), Texten und Akkorden, Griffdiagrammen, Schlag- und Zupfbegleitmustern für Ukulele in C-Stimmung (g-c-e-a).